On ne peut rien contre la volonté d'un homme

Damien Carême
avec Maryline Baumard

On ne peut rien contre la volonté d'un homme

Stock

Couverture Coco bel œil
Photo de couverture : © Julien Falsimagne

ISBN 978-2-234-08309-7

À Marie-Françoise Colombani
qui a rendu ce livre possible.

À mes parents, Marie-Thérèse et René.
À mes enfants, Coline et Baptiste.
À tous les fidèles membres de mes équipes municipales
depuis seize ans
et à toute la population de Grande-Synthe,
qui m'ont toujours fait confiance.

À tous mes proches…

Préface

Sur le fronton de la mairie de Grande-Synthe, la trilogie républicaine, « Liberté, égalité, fraternité », pourrait sans scrupule s'enrichir de quelques principes complémentaires : solidarité, dignité, diversité, créativité, responsabilité et humilité, tant ces valeurs tissées entre elles semblent être un canevas sur lequel se sont greffées toutes les politiques de cette ville. À la lecture de l'expérience d'un maire, il apparaît évident et nécessaire que ces valeurs devraient impérativement guider en 2017 tous les horizons politiques.

Solidarité car, dans un monde connecté où la misère a dorénavant vue sur l'opulence, on ne peut prétendre à la paix si les exclus sont condamnés à observer les inclus.

Dignité comme celle *a minima* retrouvée par ces migrants que Damien Carême et quelques associations ont sortis de leur cloaque.

Diversité car il en est de l'homme comme de la nature, il n'a d'avenir que dans la diversité. L'homme isolé stagne ; enrichi de la culture des autres, il progresse.

Créativité car le conformisme et l'orthodoxie, en répétant nos erreurs et en s'acharnant sur des modèles épuisés, font que les crises s'éternisent.

Responsabilité pour que la confiance dans le politique revienne, à l'opposé d'une société où chacun se défausse derrière l'anonymat des raisons sociales.

Humilité car l'argent et la technologie ne sont rien sans un supplément d'âme et de conscience de nos forces et de nos faiblesses.

En illustrant la nécessité de renouer avec ces valeurs, ce livre n'est pas simplement une respiration revigorante dans un univers politique parfois désespérant, il est plus que cela, il est une inspiration salutaire.

À la tentation dangereuse de mettre l'ensemble du personnel politique dans le même bain du discrédit, il offre l'occasion salutaire du discernement. Dans l'ombre du cynisme, du narcissisme de quelques-uns qui préemptent l'espace et donnent l'illusion qu'ils sont la norme politique, il y a aussi des femmes et des hommes qui ont de leurs mandats une haute idée et responsabilité. J'en ai rencontré à tous les échelons. Damien Carême est de cette trempe. Ce témoignage réhabilite quelque peu l'action quotidienne des élus et met en lumière sa complexité. L'exigence légitime des citoyens doit parfois aussi se mêler d'indulgence.

À la résignation qui affecte tant notre société, Damien Carême préfère l'action et la mobilisation, à la seule ambition il ajoute ses convictions, au cynisme il oppose l'humanisme, aux conventions il privilégie l'imagination et l'expérimentation. Tout cela certes ne se décrète pas, mais procède d'un état d'esprit et d'une volonté infaillible qui n'est pas donnée à tout le monde. Puisse justement l'énergie positive de ce récit être contagieuse.

Sans le vouloir ce livre est aussi un plaidoyer antijacobin tant il met en évidence que la bonne échelle pour mettre en œuvre la transition, qui dans tous les domaines – démocratique, économique, écologique, social et sociétal – s'impose à nous, est avant tout le territoire. Grande-Synthe s'est faite démonstratrice de solutions. Elle a osé tester. Car elle sait que le changement par définition est aléatoire, qu'il faut l'essayer, le guider, l'accompagner et le corriger. Mais que seul l'immobilisme est mortel.

Loin des yeux, loin du cœur, il en est de la politique comme de l'amour, si l'on éloigne la décision et la solution des citoyens, le facteur humain se dissipe. Vu de Paris, le camp des migrants était un problème ; vu de Grande-Synthe, il était juste la solution.

Nicolas Hulot

Introduction

Ma ville n'est pas celle que vous croyez. Oubliez la carte postale floutée de gris par les fumées des hauts-fourneaux. Oubliez les migrants dans la boue sous des toiles de tente de fortune, comme c'était le cas à l'hiver 2015, avant l'ouverture de notre camp humanitaire. Mettez entre parenthèses l'histoire de « cité champignon » de Grande-Synthe, passée de mille cinq cents âmes à plus de quinze mille en quelques années, pour fournir des bras à ArcelorMittal et à la centrale nucléaire voisine de Gravelines. Et laissez-vous entraîner dans la dynamique de ce laboratoire de l'urbanité nouvelle.

Vous ne connaissez peut-être pas encore bien ma ville. Adossée à Dunkerque, elle se situe dans les Hauts-de-France à vingt kilomètres de la Belgique, trente de Calais. Avec son front de mer, elle aurait pu devenir une tranquille station balnéaire si l'histoire des Trente Glorieuses n'en avait décidé autrement. Du jour au lendemain, en effet, notre littoral a vu l'installation d'un complexe industriel... Nous allions devenir une vitrine de la France moderne, disaient les hommes politiques de l'époque. On allait voir ce qu'on allait voir. Et on a vu. On nous a défigurés, pollués, stigmatisés.

Avant ce tournant, ma ville était un gros bourg rural. Dès le VIIIe siècle, les Bénédictins y avaient canalisé les eaux, creusant ces *wateringues* qui courent encore dans les rues de certains quartiers, leur donnant un discret air brugeois, un petit charme nordique. Au fil des siècles, les paysans avaient patiemment gagné leurs terres arables sur des bancs de sable. Ils ont été expropriés au nom de la grandeur de la France industrielle.

Aujourd'hui, après les vagues successives de licenciements, la crise a remplacé l'euphorie. Pourtant, jamais Grande-Synthe n'a baissé les bras. Au contraire, la ville marche vers un autre avenir, teinté de sociale-écologie. Dans un lieu où 30 % des personnes vivent sous le seuil de pauvreté, où 24 % sont au chômage, la guerre est ouverte. Même sans travail, chacun doit pouvoir conserver sa dignité, avoir sa place dans la cité, se rendre utile et innover.

C'est mon rôle de maire d'adoucir le présent en imaginant un futur viable. Je sais qu'un jour les usines plieront bagage et partiront sans se retourner. Mon devoir est de préparer Grande-Synthe à supporter cette décision couperet, et j'y travaille d'arrache-pied. C'est à ce titre que je l'ai inscrite dans la dynamique des « villes en transition ».

Je suis habité par la conviction profonde que le vieux modèle sur lequel nous sommes assis est en train de mourir à petit feu. C'est vrai sur mon territoire, ça l'est aussi ailleurs. Sans changement radical dans l'approche politique nous ne nous en sortirons pas. Nous ne ferons que nous enfoncer un peu plus douloureusement dans la crise. Est-ce vraiment notre rôle à nous, maires, députés, candidats à la présidentielle, d'observer ce suicide collectif en répétant notre impuissance ? Ma réponse est un non ferme et massif. Nous avons le devoir d'inventer.

J'ai la chance de présider à la destinée de cette ville depuis 2001 et j'aimerais vous raconter comment une politique peut transformer un territoire ; comment une équipe municipale peut réellement agir en profondeur. Parce que le devoir d'un maire est de se lancer, qu'il s'agisse de l'accueil des migrants ou de l'esquisse de lendemains meilleurs pour ses concitoyens victimes de la crise. Nous avons le pouvoir de faire bouger les lignes, d'aller très vite.

Je voudrais vous embarquer avec moi dans cette aventure où ma ville hier grise est en train de devenir verte ; vous faire comprendre comment nous anticipons les inéluctables suppressions de postes, voire les délocalisations de nos grosses usines maintenant plus que quarantenaires et gérées depuis l'étranger.

À Grande-Synthe, le logement social à basse consommation domine, le vélo est bienvenu et le bus sera gratuit en 2018 – comme dans l'agglomération urbaine dont je suis le vice-président. Sport et culture, importants pour la dignité de chacun, nécessaires pour la cohésion sociale, sont accessibles à tous à petit prix. L'université populaire, ce lieu où chaque citoyen peut devenir acteur de sa vie, de sa santé, et aussi de la mutation globale du lieu, attend les visites. Il faut sortir par le haut de la désindustrialisation, du chômage endémique, du problème migratoire, de la malbouffe et ses maladies.

Je ne vous ferai pas croire que ma ville est un jardin d'Éden, ce n'est pas mon ambition. Mais dans nos parterres et jardins partagés poussent fruits et légumes biologiques. Dans les vergers en libre accès, des pommes et des poires du terroir perpétuent des variétés menacées de disparition. Demain la ruralité, inscrite dans l'ADN de la Grande-Synthe séculaire, reprendra pied entre les immeubles avec l'installation d'un maraîcher bio. Déjà les cantines servent du 100 % bio, deux chevaux ralentissent les voitures, et des moutons broutent les espaces verts. Pour inventer une nouvelle écologie, quelques entreprises testent aussi ici, grandeur nature, leurs innovations vertes. Demain, elles embaucheront, c'est sûr. Laissons-leur du temps, mais l'avenir collectif est là.

Ma ville n'a pas peur de l'avenir, elle en écrit une nouvelle page à l'encre verte. Et moi, son premier magistrat, je la guide et l'accompagne. C'est mon devoir d'homme politique et de citoyen. Comme il était de mon devoir d'héberger dignement les migrants qui campaient dans la boue du Basroch à l'hiver 2015-2016. Tant pis si ces décisions dérangent, déplaisent.

La presse me présente comme le maire des migrants et je suis fier d'avoir rendu un peu de dignité à ces femmes et ces hommes qui dormaient dans la boue sur ma commune. Mais cette dignité j'essaie aussi de l'offrir au quotidien à tous mes concitoyens. C'est le fil conducteur de mon action, parce que c'est à mes yeux l'essence même de la politique.

Mesdames et messieurs les politiques nationaux, vous qui briguez la plus haute fonction dans ce pays, jetez un œil à Grande-Synthe, intéressez-vous à la politique que nous y menons à bas bruit. Les Françaises et les Français vous en sauront gré. Comme les Grand-Synthois qui m'ont réélu au premier tour en 2014 avec plus de 53 % des suffrages.

1

On m'appelle le maire des migrants

Chaque fois c'est la même chose. À l'entrée de la Linière, le lieu qui héberge les réfugiés, je marque un temps d'arrêt, rattrapé par le passé. Chaque fois, me revient un des plus beaux moments de ma vie de maire. Un des plus forts aussi, même si j'en ai connu de très intenses avec les Grand-Synthois.

On est le 7 mars 2016 au matin. Le soleil se lève à peine. Un petit frimas rappelle que l'hiver n'est pas loin et n'a pas dit son dernier mot. J'ai les mains dans les poches, l'estomac noué. C'est le jour du grand déménagement. Les 1 400 Kurdes qui campent dans la boue, sur le terrain du Basroch, vont être acheminés en bus vers ce nouveau camp à peine terminé. Ça sent la colle, la peinture. Près de 400 cabanons de bois sont posés par petits îlots, pour créer des villages, un voisinage à dimension humaine. Le sol est gravillonné. Les blocs sanitaires fonctionnent. Je frissonne. Incroyable d'en être arrivé là…

Je suis venu suivre l'installation des premières familles. J'ai un besoin vital de lire un sourire sur ces visages marqués par l'épreuve, la souffrance, la route. Tout l'hiver je les ai vus tellement désespérés. Je suis perdu dans mes pensées quand un petit garçon de 7 ou 8 ans vient vers moi, me tire par la veste comme le font les enfants, pour m'emmener jouer au ballon. Jouer! c'est justement ce qu'il n'a plus fait depuis si longtemps. Le jeu n'avait pas droit de cité dans le bourbier du Basroch, on survivait dans ce camp de la honte. Et là tout à coup, la vie peut reprendre. Cet enfant peut sourire, s'amuser. Bientôt il pourra aller à l'école... C'est bouleversant pour moi.

J'ai beau être maire depuis quinze ans ici, être endurci par les combats politiques, avoir tenu un bras de fer de plusieurs mois avec l'État pour ouvrir ce camp, à ce moment-là je craque et essuie des larmes de bonheur.

Pendant des mois mon cabinet et mes services ont bataillé comme des fous à la mairie. Nous avons travaillé sans lever le nez de nos dossiers, nuits et week-ends compris, et tout à coup, ça y est. Le camp humanitaire ouvre enfin et je suis le premier témoin de cette humanité retrouvée. Moi, tout seul là, en égoïste, ce 7 mars. Franchement, à cet instant, je suis fier de ma ville. Fier que Grande-Synthe ait rendu un peu d'humanité à des gens qui ont tout laissé derrière eux, tout perdu en claquant la porte de leur maison un matin, chassés par les bombes et la terreur.

Cet instant magique est à jamais gravé en moi. Il a suffi à effacer quelques heures durant la bataille avec les autorités, la sous-préfecture, la préfecture, le ministère de l'Intérieur; à oublier les insomnies durant lesquelles j'ai tourné et retourné mille et une questions. Nous n'avions pas le droit de rater. Ceux qui ne voulaient pas de ce camp nous l'avaient dit clairement en nous regardant droit dans les yeux. Et ce défi n'aide pas vraiment à se rendormir au petit matin, même lorsqu'on est sûr de son bon droit.

Je n'ai pas désobéi à l'État, mais je reconnais avoir fait de la résistance. Je n'ai désobéi à personne car je ne reçois pas mes ordres du ministre de l'Intérieur. Bernard Cazeneuve, alors installé place Beauvau, m'avait dit que je ne devais pas construire ce camp. Mais en tant qu'élu c'est à la loi que je dois obéir, à des codes, pas à un ministre… Le Code de la fonction publique, le Code des marchés publics, le Code de la santé publique sont mes guides. J'admets avoir forcé la main au ministre de l'Intérieur de l'époque pour que l'État contribue au financement du camp. Rien de plus. La Place Beauvau n'avait pas envie que nous lancions une grande et médiatique opération de *crowdfunding* pour nous aider à prendre en charge les frais de fonctionnement du camp, et je comprends. D'ailleurs, j'ai toujours dit que nous avions besoin de l'État dans cette aventure, que nous ne pouvions pas faire sans lui. La chasse aux passeurs, le maintien de la sécurité sont de son ressort, pas du nôtre.

Rétrospectivement, je me demande si cette envie d'agir face à des autorités timorées n'est pas dans les gènes de ma famille. Mon père, lorsqu'il était maire de la ville de Grande-Synthe, est aussi passé outre les refus administratifs pour la construction de la polyclinique. Il la jugeait nécessaire, alors il y est allé. Il en était au deuxième étage quand les autorisations administratives sont arrivées. Déjà en son temps, il avait fait la preuve que l'autorisation finit toujours par arriver lorsqu'on travaille pour l'intérêt général… Pour la construction du camp, j'ai agi comme il l'aurait fait. Ni plus, ni moins.

Finalement, un an après l'ouverture et au lendemain du démantèlement de la « jungle » de Calais, il est évident que la construction de ce camp humanitaire a enlevé une épine du pied du gouvernement. Enfin, à mon sens. C'est d'ailleurs ce que j'avais dit à Bernard Cazeneuve quand je l'avais rencontré le 23 décembre 2015. Je lui avais alors lancé : « Je vous apporte une solution clé en main. J'ai une population qui est d'accord, une ville qui est d'accord. » Quelques mois plus tard, lorsqu'il cherchait des villes pour héberger les réfugiés de Calais, j'en ai simplement conclu que Grande-Synthe avait précédé tout le monde en accueillant début 2016, dans l'espace humanitaire de la Linière, les Kurdes qui font escale dans notre ville.

Ai-je eu tort d'avoir raison trop tôt ? En politique, c'est toujours une question… J'ai fait avec quelques mois d'avance ce qu'il a demandé à tous les maires ensuite : accueillir sur leur territoire. Différemment, certes, mais parce que je fais face à un contexte spécifique : les réfugiés – je préfère les appeler « réfugiés » que « migrants », car ils sont venus trouver un refuge, ici ou ailleurs, quel que soit leur statut administratif actuel – relogés à Grande-Synthe sont tous arrivés sans notre aide sur un terrain de la commune. Nous sommes une escale sur la route de la Grande-Bretagne pour des Kurdes qui ont souvent payé leur passage à des réseaux en partant de chez eux, en Irak, en Syrie ou en Iran.

Aujourd'hui, je ne regrette rien. Cette réalisation me réjouit au contraire un peu plus chaque fois que j'y passe du temps, même si ces bons moments n'effaceront jamais ce dont j'ai été témoin au Basroch tout l'hiver 2015, avant qu'on ouvre ce lieu de répit. Quand mes chaussures crissent sur le gravier du camp, quand je salue les exilés, et qu'ils me sourient, la boue et les larmes silencieuses des mères me reviennent. Je revois le visage de cette petite fille de 2 ou 3 ans qu'on a fait évacuer deux fois vers l'hôpital parce qu'une fièvre élevée ne se soigne pas sous une toile de tente Quechua, les pieds dans la boue, par trois ou quatre degrés. Au moindre petit brasier allumé, l'odeur du feu de bois ravive ces images terribles de la course vers les distributions de fagots dont j'ai si souvent été témoin au Basroch. À la tombée de la nuit, lorsque les réverbères s'allumaient en ville, un camion livrant les brassées de bois avançait lentement dans la grande allée, entre les tentes. À ce moment-là, c'était la ruée générale. Un mouvement de foule presque pire que pour la nourriture. Tout le monde courait derrière le camion pour être sûr de récupérer de quoi se chauffer un peu avant la nuit glaciale, de quoi allumer un feu pour cuisiner une marmite de soupe. Est-ce qu'on peut tolérer une telle situation en France au XXIe siècle ?

La fumée de bois, c'est le parfum des camps. C'est l'odeur de la survie. Allumer un feu est le premier geste, le soir, quand un exilé arrête la route, se pose pour la nuit. Autour des flammes on se réchauffe. Sur les braises on cuit ce qu'on a trouvé à manger. Dans l'espace humanitaire de la Linière, les cabanons sont chauffés l'hiver et des repas chauds sont servis. Mais les habitudes de la route ne se dissipent pas comme ça. Parfois on aperçoit encore des petits feux rougeoyer à côté des cabanes, on sent les fumées monter doucement.

Grande-Synthe et les migrants, c'est une longue histoire. Sangatte, le centre d'hébergement ouvert sous Lionel Jospin en 1999, ferme ses portes en novembre 2002. Cette évacuation, décidée par Nicolas Sarkozy alors ministre de l'Intérieur de Jean-Pierre Raffarin, n'empêche pas les exilés de continuer de camper dans la région pour tenter de passer en Angleterre en se glissant clandestinement dans des camions qui s'y rendent.

C'est la raison pour laquelle on retrouve des campements de réfugiés près des aires de repos ou des stations-service qui longent l'A16, l'A25 ou l'A26, à Steenvoorde, Norrent-Fontes, Angres, Téteghem ou Grande-Synthe. Sur notre commune, les réfugiés sont entre vingt et trente, en moyenne, et quasiment en permanence depuis 2006. En général, ils ne restent sur le terrain du Basroch que vingt-quatre ou quarante-huit heures au plus, avant de trouver le moyen de passer en Angleterre. Ce quartier de ma ville est le point de rendez-vous des Kurdes. Il est connu jusqu'aux confins de l'Europe. C'est un espace boisé composé d'un chemin ombragé qui s'ouvre sur une petite prairie. Dans cette clairière les exilés font halte, à quelques centaines de mètres de la station-service d'où ils repartent souvent pour poursuivre leur voyage.

À l'hiver 2008, des femmes et des enfants y sont repérés pour la première fois au milieu des hommes. À ce moment-là, je suis en Pologne en visite dans la ville avec laquelle nous sommes jumelés. Mon directeur des services, alerté par les associations qui interviennent depuis des années auprès des réfugiés, m'appelle. Il est inquiet face à l'arrivée de ce public vulnérable. Inquiet parce que le thermomètre est en train de plonger... Ensemble, nous décidons de mettre en place en urgence une tente suffisamment vaste pour être chauffée. Et nous en sommes bien avisés car la température descend alors jusqu'à moins quinze degrés. Pour rien au monde je ne veux qu'un réfugié meure de froid chez moi. C'est ma hantise. Elle ne m'a d'ailleurs pas quitté depuis cet hiver-là.

Par la suite, avec l'aide de Médecins du monde, nous continuons ces premiers aménagements. Nous amenons l'eau courante et installons des toilettes sèches, pour humaniser un peu ce lieu et éviter également que les réfugiés ne perturbent la tranquillité des riverains en leur demandant un accès à leurs sanitaires ou à un robinet ; il fallait les préserver eux aussi.

Les associations ont fait toutes ces années un travail formidable. Elles ont livré chaque jour de quoi manger, s'habiller dignement, et ont proposé des soins à ces populations épuisées. La Communauté urbaine a apporté sa pierre en remplaçant les tentes par des abris en bois plus faciles à chauffer. En fait, loin du brouhaha médiatique, on avait déjà créé à cette époque un petit lieu d'accueil pour les exilés. Un espace de répit. Et cela n'a jamais créé d'appel d'air – puisque le nombre des Kurdes a toujours oscillé entre trente et soixante avant l'été 2015 –, pas non plus suscité de levée de boucliers de la population.

Face à cette situation, assez stable, nous avions décidé d'aller plus loin et avions fait plancher une école d'architecture pour créer une Maison des migrants. Dans un espace d'accueil en dur, les associations auraient été mieux installées pour travailler. J'avais calibré le lieu pour une centaine d'exilés, le projet était prêt… et beau. Mais avec l'été, il a fallu tout remballer et appréhender le sujet autrement.

Tout bascule en effet en août 2015. Le blocage quasi total de l'accès du port de Calais et du tunnel sous la Manche par les forces de l'ordre dépêchées en masse rebat les cartes. Quand je rentre de vacances le 17 août, mon cabinet est déjà sur les dents, accaparé par le problème. Les téléphones sonnent sans arrêt dans tous les bureaux. Les associations ne savent plus comment faire face à la multitude. Et ce n'est pas terminé... Sur la route entre la gare et le campement du Basroch, les migrants arrivent sans trêve par petits groupes, exténués, un sac à dos noir pour tout bagage. Ça n'a plus rien à voir avec ce qu'on avait connu jusque-là et l'on s'interroge réellement sur la suite. C'est le moment où l'afflux est important aussi vers l'Allemagne ; celui où la jungle de Calais s'étend de jour en jour... Nous ne sommes pas une exception, certes, mais chez nous on vit mal cette période parce qu'on a vraiment envie de les recevoir dignement.

Laurent Pidoux, mon directeur général des services, et Olivier Caremelle, mon directeur de cabinet, sont dans mon bureau à la première heure, le jour de mon retour de vacances. On s'assoit tous les trois autour d'un café. Le « sage » du groupe, Olivier, nous fait part de son inquiétude. « Au rythme où ça va, ils vont être quatre mille, cinq mille, dans quelque temps. Ce n'est plus possible. On se prépare à devenir un Calais bis si on ne trouve pas un moyen de reprendre la main. » Olivier est professeur d'histoire-géographie. Je l'ai rencontré au Parti socialiste. C'est le plus « politique » d'entre nous. Laurent, lui, excelle dans la mise en œuvre, les finances. C'est un bâtisseur. Tous deux sont vraiment soucieux de la tournure prise par les événements. Nous travaillons d'arrache-pied à changer l'image de Grande-Synthe depuis des années, pouvons-nous laisser la ville dériver vers un Calais bis ? Aucun de nous ne peut humainement supporter cette idée. Ni pour les migrants qui atterrissent là, ni pour les Grand-Synthois, ni pour nous, les élus.

Dès août, j'appelle l'État au secours. Mais il reste aux abonnés absents. Le 30 septembre, le ministre de l'Intérieur, Bernard Cazeneuve, accepte enfin de recevoir une délégation d'élus du Dunkerquois dont je fais partie. Sa seule réponse est l'octroi de forces de l'ordre supplémentaires. Elles arrivent mi-octobre et repartent au lendemain des attentats, mi-novembre, appelées à d'autres missions. Pendant ce temps, mon campement continue de grossir. Les 545 migrants de fin septembre sont 1 500 en octobre, avant que mi-décembre ils n'atteignent le nombre de 2 500. Le démantèlement du petit camp de Téteghem, une commune voisine, mi-novembre 2015, par les autorités, nous a amené 250 réfugiés supplémentaires. J'étais certain de ce scénario, mais l'État avait voulu croire que les migrants resteraient dans les centres d'accueil où ils avaient été conduits. En fait, ils se sont installés chez moi après s'être reposés quelques nuits dans des lits trouvés par la préfecture. Personne n'a réussi à les convaincre de demander l'asile en France et de lâcher leur projet de passage en Grande-Bretagne.

Durant cet automne noir, j'écris deux fois au Premier ministre. Le 12 octobre d'abord. N'ayant pas senti une prise en considération suffisante de la situation par Bernard Cazeneuve, je m'adresse directement à Matignon. Je demande que l'on prenne immédiatement les mesures nécessaires pour ramener le camp à 300 personnes. En prévision de l'hiver, nous voulons mettre en place nos tentes chauffées et ne pouvons décemment y loger plus de 300 migrants. Je réécris en novembre mais reste toujours sans réponse… et surtout sans moyens. C'est la raison pour laquelle nous décidons à ce moment-là de nous tourner vers nos propres solutions. Le camp du Basroch ne peut pas perdurer, les conditions sanitaires y sont déplorables. Des bénévoles se plaignent de trouver des rats morts. On ne laisserait même pas son chien vivre là.

Mes collègues proches savent que je ne vais pas bien quand je me passe un peu trop la main dans les cheveux et que je réajuste mes lunettes trop souvent. Là, je lis dans leur regard qu'ils ne me trouvent pas bien du tout et s'inquiètent pour moi. C'est vrai que cette situation me rend physiquement malade... En fait, je mouline déjà l'idée d'ouvrir un vrai camp humanitaire, parce que l'hiver approche à grands pas et que je ne veux pas me retrouver avec des enfants en hypothermie, des mères en pleurs, des pères impuissants. Passer un hiver sous une tente Quechua à Grande-Synthe, c'est définitivement non ! Je n'ai rien contre ces toiles de tente, mais elles ne sont pas adaptées aux besoins des familles déjà exténuées par une vie sous les bombes et des milliers de kilomètres pour atteindre l'Europe. On ne fait pas du camping en plein hiver dans le nord de la France.

Un matin que nous sommes réunis tous les quatre dans mon bureau – mon directeur des services, mon directeur de cabinet, mon autre fidèle collaborateur Kamel Khellaf et moi – je lance l'idée du camp humanitaire. J'ai en tête les camps du Haut Commissariat aux réfugiés dans les zones de catastrophe ou de guerre. Je ne vois pas pourquoi en France les migrants seraient moins bien pris en charge qu'au fin fond de l'Afrique ou ailleurs. Si cette pièce avait une mémoire, elle se souviendrait que je me suis alors fait traiter de « cinglé » et de « grand malade ». Kamel, qui n'avait pas envie de rire ce jour-là, m'a demandé d'« arrêter les plaisanteries », d'un air las, pendant que Laurent argumentait déjà pour me faire ranger tout de suite cette idée folle.

J'aime ces hommes qui travaillent
qu'ils me disent toujours ce qu'ils pens
il ne faut jamais s'entourer de béni-ou
ce sont des gens dangereux. Il faut d
solides sur leurs bases et en même te
intellectuellement pour se rallier à des positions qui ne sont pas de prime abord les leurs.

Finalement, ce jour-là, chacun part vers ses missions. Il fallait que l'idée mûrisse, et nous sommes très vite arrivés ensemble à la conclusion que nous risquions fort de n'avoir pas d'autre choix puisque nous ne pouvions pas laisser des gens vivre dans d'aussi honteuses conditions. Nous partageons tous les quatre les mêmes valeurs d'humanité. Comme la population de la ville, à qui d'ailleurs nous ne pouvions pas non plus imposer cette triste réalité. Ce qui se passait sur le terrain du Basroch à l'automne 2015 ressemblait à de l'impuissance publique, ni plus ni moins. Or un maire n'est pas élu pour cautionner l'immobilisme d'État. Mon idée pouvait paraître folle, mais elle était la seule solution imaginable pour empêcher des gens de dormir dehors, de s'enfoncer dans la boue à chaque pas. Ce qui est formidable dans cette mairie, c'est que chacun a endossé une partie des responsabilités, et qu'une fois décidé c'était parti. Sans mon entourage, sans l'extrême mobilisation des services techniques, il nous aurait été impossible d'avancer comme on l'a fait. Mais pour eux comme pour moi, l'automne et l'hiver 2015 ont été une période de folie, même si les humanitaires ont fait un travail extraordinaire.

Très vite, Médecins du monde (MDM), qui travaille depuis des années auprès des migrants avec nous, nous met en contact avec Médecins sans frontières (MSF).

Habitués à construire des camps sur les lieux de catastrophe, les humanitaires répondent immédiatement à notre appel et viennent étudier la zone avec nous. Quelques heures sur place avec leurs logisticiens leur permettent déjà d'envisager l'organisation générale du camp de la Linière. Ces urgentistes sont remarquables ; de très grands professionnels. Une mairie ne sait pas concevoir un lieu de ce type ; MSF a fait ça avec un formidable savoir-faire et s'est ensuite parfaitement coordonné avec mes services.

Si le chantier était en de bonnes mains, il me fallait encore gagner la bataille de la communication. À Grande-Synthe, nous sommes habitués à agir, pas vraiment à le faire savoir. Alors MSF nous a aidés et ensemble nous avons convoqué une conférence de presse, le 23 décembre, pour annoncer la réalisation. Ça n'était pas rien quand même, cette mise en chantier du premier camp humanitaire de France ! D'ailleurs c'est sans doute ce qu'a pensé le ministre de l'Intérieur, Bernard Cazeneuve, qui tout à coup a décidé de me recevoir à cette date, quasiment à la même heure.

Dans son bureau, la discussion est serrée mais sincère et cordiale. Le déménagement et l'ouverture d'un camp humanitaire sont actés. Le cabinet du ministre reconnaît même dans un communiqué commun que « les caractéristiques marécageuses du camp actuel ne peuvent offrir de solution satisfaisante ». C'est dire en langage politiquement correct que le Basroch est bien un camp de la honte, un lieu qu'aucun maire ne peut tolérer. Dans la foulée de cette rencontre, la Place Beauvau demande au préfet de « renforcer les expertises en cours pour mettre en œuvre une solution très rapide qui apportera une réponse humanitaire aux besoins élémentaires des migrants, et notamment des populations vulnérables présentes sur le site, qui doivent pouvoir bénéficier d'une mise à l'abri». En théorie, il ne restait qu'à tout mettre en musique... Et pourtant, là encore, il a fallu du temps. Tellement de temps.

En fait, les services de l'État reprennent à zéro le travail de prospective effectué par Laurent Pidoux, pour arriver le 11 janvier à la même conclusion que la mairie un mois plus tôt : le seul lieu pouvant accueillir un camp est bien le terrain de la Linière. Ce jour-là, l'État donne enfin son aval pour que les pelleteuses démarrent, à l'issue d'une réunion des services de la préfecture, de la ville et des équipes de Médecins sans frontières. Enfin ! Pour moi chaque jour perdu était un crève-cœur. La boue, le froid, la pluie, l'entassement... Tout cela m'était insupportable.

L'État autorise donc la création du camp humanitaire mais ne prend pas encore l'engagement écrit de le financer. Cette construction coûte 2,5 millions d'euros à MSF et 1,5 million d'euros à la mairie de Grande-Synthe. D'emblée je me dis que, si l'État ne me rembourse pas, je lancerai un financement participatif. Il n'est pas question que mes administrés paient alors que l'État devrait financer le projet, c'est de son ressort. Il me faudra attendre le 30 mai 2016 pour qu'une convention soit enfin signée, stipulant que l'État s'engage à prendre en charge les frais de fonctionnement du lieu, à hauteur de 4 millions d'euros annuels.

Je suis intimement persuadé que le sous-préfet, notre interlocuteur direct, a fait les frais de ce dossier délicat. Sa mutation à Saint-Pierre-et-Miquelon – même sur un poste de préfet – ne ressemble pas vraiment à une promotion. Le jour de sa cérémonie de départ, moment où il invite tous les maires, Laurent et moi lui avons offert une tente Quechua en souvenir de ce dossier difficile qui aura empoisonné sa dernière année ici. On a ri ensemble. Mais dans le fond, heureusement que la ville a été plus cohérente que l'État…

Même au début, avec toutes les incertitudes qui planaient sur ce dossier, la majorité municipale a été à l'unanimité partante pour ce projet et s'est ralliée très vite à l'analyse de Laurent, Olivier, Kamel et moi. Les élus ont estimé comme nous qu'il n'y avait aucune raison que l'humanisme qui sous-tend notre action depuis mon arrivée à la mairie ne disparaisse tout à coup parce que ces gens étaient étrangers. Les valeurs sont essentielles et valables pour tous, c'est ce qui donne ses lettres de noblesse à la politique. C'est d'ailleurs à mes yeux leur dissolution dans d'autres intérêts, ou leur mise entre parenthèses, qui dévalue la vie publique aujourd'hui, sème la confusion dans l'esprit de ceux pour qui droite et gauche sont devenues la même chose. Tout cela engendre une perte de confiance des citoyens et détourne les électeurs des urnes.

Nous avons un devoir de solidarité internationale envers ces réfugiés, qui quittent leurs pays en guerre, en proie au terrorisme ou à la dictature. Le camp du Basroch et aujourd'hui celui de la Linière sont à 99 % peuplés de Kurdes syriens, irakiens et iraniens qui ont fui après avoir combattu des organisations dont se réclament les terroristes qui ont frappé la France au Bataclan, organisations contre qui notre pays et ses alliés envoient leurs armées ! Et puis, en tant que maire, j'ai une obligation légale – rappelée par un jugement du tribunal administratif, confirmé en Conseil d'État en novembre 2015, condamnant la ville de Calais et l'État – à mettre en œuvre des solutions pour offrir à ces populations réfugiées des conditions de vie dignes d'êtres humains. Cette obligation m'est aussi faite par le Code de santé publique, qui prévoit que le maire est tenu de produire toute une série de dispositifs liés au logement, à la fourniture d'eau potable, à l'assainissement, au traitement des déchets et à l'alimentation sur le territoire de sa commune.

Ce camp nous était nécessaire, mais j'ai précisé d'emblée qu'il n'avait pas vocation à devenir pérenne et que nous limiterions sa capacité aux réfugiés présents lors du déménagement. Ensuite, j'ai pris l'engagement que nous démonterions les chalets quand ils resteraient vides. Depuis quinze ans je travaille comme un forcené pour changer l'image de cette ville aux yeux de tous, pour améliorer le quotidien de chacun de ses habitants. Je ne laisserai pas anéantir tous ces efforts, même si je me refuse à laisser les migrants dans la boue. C'est cet équilibre, cette voie médiane, qu'il nous fallait trouver pour pouvoir garder la tête haute. Dans mes vœux de janvier 2016, j'ai rappelé aux Grand-Synthois que la solution choisie pouvait nous grandir aux yeux de tous ceux qui nous observent. Car nous prouvons que, dans un monde qui s'individualise, qui se referme sur lui-même, nous sommes ici capables, au contraire, de faire preuve d'humanité face aux plus faibles, aux plus vulnérables.

Cette humanité est partout dans le camp. Je le sais car j'ai passé dix jours à la Linière durant l'été 2016. Le Recho, association créée par des femmes chefs parisiennes, s'y est installé pour trois semaines. Elles voulaient apporter de la convivialité, de la rencontre autour de la cuisine, et construire un lien entre la population locale et les réfugiés. Pour commencer, ces professionnelles ont acheté un *food truck* en financement participatif, avec le projet de s'arrêter dans les camps en Europe pour faire la cuisine pour et avec les exilés. J'ai eu la chance qu'elles commencent leur périple par Grande-Synthe et me demandent d'être le parrain de leur association.

Ç'a été un bonheur d'être à leurs côtés et de pouvoir les aider. D'abord, par l'intermédiaire de la communauté Emmaüs, elles récupéraient des invendus dans les commerces locaux. Ensuite, avec l'aide de bénévoles recrutés à travers toute la France, elles préparaient les repas dans la cuisine de notre salle de spectacle, mise à leur disposition. Avec elles, j'épluchais les légumes chaque matin pour que le midi elles puissent proposer des repas végétariens. Je n'en ai jamais autant épluché, c'est sûr, mais je n'ai jamais aussi bien mangé non plus. Ces femmes ont su inventer des saveurs délicieusement interculturelles que je n'aurais pas même imaginées. Vous avez déjà fait des émulsions de jus de betterave, vous, pour assaisonner des salades ? Franchement, je crois que j'ai moi-même gagné une étoile l'été dernier…

Une fois la distribution des 150 déjeuners terminée commençait l'étape suivante, plus participative, plus festive aussi, puisqu'il s'agissait de cuisiner avec les réfugiés et les bénévoles pour croiser les saveurs françaises et iraniennes, irakiennes ou syriennes, et de préparer les 300 repas du soir. Nous avons même installé des tables autour de notre espace collectif pour dîner tous ensemble dehors. Certains ont sorti leur instrument de musique, il y a eu des chants. Ç'a été une vraie rencontre interculturelle ; un temps riche et fort qui a marqué pour longtemps les esprits. Deux chefs étoilés, le Parisien Akrame Benallal et le Lillois Florent Ladeyn, étaient là. Vous imaginez la force de ces moments, le bonheur et la créativité qui en sont restés !

Les réfugiés pleuraient quand le Recho est parti. Ils se demandaient ce qu'ils allaient faire le lendemain. Tous les jours ils avaient eu ce rendez-vous où leurs savoirs étaient valorisés. Des cuisiniers kurdes présents sur le camp ont fait des petites merveilles aussi. Il y a eu de nombreux échanges entre tous ces professionnels français et irakiens, syriens ou iraniens. Nous avons même repéré là des cuisiniers qui ont un savoir-faire particulier et que les chefs étoilés français aimeraient faire travailler une fois qu'ils auront leur statut de réfugié.

C'était important pour moi de voir vivre le camp. Bon, la vie n'y est pas rose non plus. Un camp reste un camp et je n'aimerais pas y habiter... En revanche, ma présence continue cet été m'a permis de comprendre beaucoup de choses en profondeur. D'abord, j'ai vu à quoi ressemble la journée d'un réfugié. Le temps n'est pas tout à fait le même qu'en ville, il ne s'écoule pas de la même manière pour quelqu'un qui attend un départ ou des papiers... Ensuite, j'ai observé la place tenue par les passeurs sur le lieu. Cette compréhension de leurs modes d'intervention nous permet aujourd'hui de renforcer notre combat contre eux aux côtés de la police et de la justice. C'est une guerre permanente. Tout le monde sait que les Kurdes qui arrivent à Grande-Synthe sont très majoritairement entre les mains de passeurs depuis qu'ils ont quitté leur domicile dans les zones en guerre. Ils ont souvent prépayé leur passage pour la Grande-Bretagne à ce moment-là ; ce qui explique qu'il est très difficile de les faire renoncer à leur destination finale. J'ai vu cet été que les passeurs avaient la mainmise sur une dizaine de nos 300 cabanons, et à la rentrée nous les avons démontés. Il n'est pas question qu'ils s'emparent de la gestion du lieu. Ce camp est celui de la ville, pas celui de ces organisations criminelles.

D'ailleurs, nous devons cela aux Grand-Synthois, qui ont été remarquables et se sont eux aussi investis dans ce lieu. Même si la plupart ont de vrais soucis de fin de mois, ils ne jouent pas la concurrence des pauvretés dont d'autres se servent politiquement, pour mettre en avant une préférence nationale. Aucune pétition... Personne n'est venu en mairie me dire qu'il ne fallait pas accueillir. Les gens ici sont d'une très grande tolérance. C'est pour la préserver que j'ai joué la clarté et tenu tout le monde au courant des décisions et des avancées par des courriers successifs. Je ne souhaitais pas organiser de réunions publiques. On a pu me le reprocher ici ou là, mais nous savons tous que cela n'est pas constructif. Une ou deux voix y phagocytent la parole, et on fait du surplace.

On dit souvent qu'il y a dans le Nord un sens de l'accueil, je crois qu'à Grande-Synthe c'est vraiment dans l'ADN de la ville, et en créant ce camp je n'ai fait que lui rendre ce qu'elle m'a donné un jour de 1968. J'ai constaté là, avec bonheur, que la même générosité y est encore de mise cinquante ans plus tard. Même après le passage de la crise, même avec le chômage et la pauvreté.

Je ne suis pas né ici. Jusqu'en mai 1968, ma famille a vécu dans l'Essonne à Morsang-sur-Orge, qu'elle avait rejoint en 1963. Mes parents, René Carême et Marie-Thérèse Riethmuller, sont lorrains. Ils avaient choisi de nous élever là, loin du brouhaha parisien. De cette époque, j'ai surtout souvenir des après-midi dans le bois voisin de la maison et de l'odeur de la campagne. Après les événements de Mai, mon père, qui était électricien de formation, décide de quitter le siège national de la CFDT, où il travaillait depuis 1963, pour retrouver la vie d'ouvrier. Il ne souhaitait surtout pas perdre le contact avec « la base », c'était une de ses hantises.

À la fin des vacances, les tout premiers jours du mois de septembre, nous sommes donc tous montés dans la 403 Peugeot en direction du nord. Ç'a été une véritable expédition avec mes quatre frères et ma sœur. Et même si ça fait presque cinquante ans, je me souviens de notre arrivée à Grande-Synthe comme si c'était hier. D'emblée, j'ai compris où on mettait les pieds et n'ai jamais été déçu depuis.

Quand la voiture et le camion se sont garés devant l'immeuble HLM, avec toutes nos affaires, tous les enfants de la cité ont accouru autour de nous. Ils nous ont accueillis, nous les petits Parisiens, et je me suis fait des copains alors que nos bagages n'étaient pas encore ouverts, même si j'étais un peu différent car, je m'en rendrais compte bien plus tard, nous étions la seule famille d'origine française de la cage d'escalier. Ces amitiés se sont consolidées ensuite parce qu'on allait à la même école, on faisait du sport ensemble. Très vite il y a eu le basket, un sport que j'ai pratiqué jusqu'à 27 ans avec quasiment les mêmes garçons.

En faisant de l'accueil des réfugiés une vraie priorité, je ne fais donc que rendre à Grande-Synthe ce que la ville m'a donné. Je veux que d'autres ressentent ce que j'ai vécu le jour de mon arrivée. Moi aussi j'étais un étranger, un petit citadin venu d'ailleurs… Un peu comme les migrants qui campent sur la commune. On est toujours l'immigré de quelqu'un ! C'est une notion tout à fait relative.

Quand on remonte la chaîne de l'accueil à Grande-Synthe, on comprend vite que ceux que la France est allée chercher en Algérie, au Maroc ou en Tunisie, pour travailler dans l'industrie lourde, ont connu le même accueil ici... Je l'ai entendu raconter mille fois par des pères de copains. Cette ville sait recevoir... Il y a peu de collectivités où les ouvriers municipaux se déplaceraient le dimanche pour gérer la propreté du camp, vider les poubelles... Peu de villes où les services techniques auraient passé des soirées entières à régler les problèmes pour que la Linière ouvre le plus rapidement possible. Tout ça, j'en ai été témoin.

Parfois je me dis que le climat anxiogène dans lequel baigne la France depuis les attentats de *Charlie* n'a pas contaminé Grande-Synthe. La peur qui s'est emparée de la France n'a pas vraiment entamé l'envie de collectif qui domine l'opinion publique ici. Nous travaillons en mairie pour que vive cet esprit différent, mais la ville entière a cette volonté de ne pas céder à l'alarmisme ambiant. Si nous politiques n'œuvrons pas aussi à cela, si nous ne sommes pas capables de nous saisir de ce terreau, alors il ne faut pas ensuite se plaindre que les citoyens perdent confiance en nous.

La population de Grande-Synthe a la particularité de se prendre en main et d'écrire son histoire. Ce campement, le ministre de l'Intérieur l'a plusieurs fois répété, n'était pas à l'agenda du gouvernement. Pour celui-ci il fallait démanteler le Basroch un point c'est tout. Pour nous, il fallait bien sûr proposer l'asile, c'est le devoir de la France, signataire des accords de Genève. Mais nous nous devions aussi de recevoir les familles dignement, ailleurs que dans un bourbier. De toute manière, les deux approches vont de pair, et si nous voulons vraiment que des exilés reconsidèrent leur projet migratoire et aient envie de rester, il faut un minimum d'accueil. Il fallait revenir au bon sens, c'est malheureusement ce qui manque trop souvent dans le discours public.

Chacun sait que l'État ne m'a pas aidé, mais il est essentiel à mes yeux qu'il ait fini par donner son accord, même à contrecœur. Le fait qu'aujourd'hui il prenne part au financement du fonctionnement du camp est une belle avancée, une victoire politique au sens noble du terme. Pourtant, je n'en retire pas de gloriole personnelle ; je me réjouis simplement que ces populations vulnérables en bénéficient. C'est bien pour elles que j'ai combattu.

Je continue évidemment à m'intéresser de près au lieu, mais depuis le 7 mars je peux reprendre à bras-le-corps tous les dossiers qui ont été laissés en suspens le temps de la réalisation de la Linière. C'est un nouveau quartier dans ma ville, nous allons le gérer comme tel et il n'obligera pas à augmenter les impôts – un geste que je me refuse depuis les seize années que je préside aux destinées de la ville. Un jour il fermera. C'est aussi son destin mais personne ne sait encore dire à quel moment. Le démantèlement de Calais a fait courir le bruit que Grande-Synthe suivrait, ce qui a été démenti par Bernard Cazeneuve à plusieurs reprises. La fermeture ne pourra avoir lieu que lorsque la situation kurde s'améliorera. Ou lorsque la route migratoire ne passera plus ici. Ce sont les réfugiés qui tiennent l'agenda.

2

Être maire, ou le pouvoir de faire

Le soir de l'élection municipale, le 18 mars 2001, quelques bureaux de vote importants donnent ma liste en tête. Je ne veux pas y croire. Mes colistiers non plus. Comme si crier trop tôt victoire pouvait inverser la tendance du dépouillement. C'est drôle, ces petits mécanismes de protection absolument stupides qu'on se surprend à mettre en place dans ces circonstances. Pourtant, avant la fermeture des deux derniers bureaux, quelque chose nous dit qu'il faut filer en mairie pour voir tout cela de plus près. Au moment même où j'arrive, la victoire de notre liste se confirme. C'est seulement là que je prends conscience que ma vie va basculer. À cet instant je me demande ce que je viens de faire. Un éclair de lucidité que je n'avais pas eu auparavant. Je pense qu'intuitivement je refusais de regarder la réalité en face parce que je savais déjà trop ce que signifie devenir maire.

J'avais vu mon père s'impliquer dans la vie de sa ville entre 1971 et 1992. Et j'ai eu le vertige, je l'avoue, alors qu'on commençait à me taper sur l'épaule et à me serrer la main. On ne change jamais impunément de vie, et là je me lançais dans une aventure un peu folle, sans préméditation aucune, mais sans possibilité de faire demi-tour.

Quand je regarde dans le rétroviseur, je comprends que ce soir-là ma vie est effectivement entrée dans une autre dimension. Les journalistes sont arrivés, les micros se sont tendus vers moi. J'étais dans le grand bain sans bouée et sans m'y être préparé parce que je n'avais jamais rêvé de ce poste. Déjà on m'appelait « monsieur le maire », on me félicitait. C'était étrange, mais c'était parti. Après, tout s'est enchaîné, sans trêve ni répit. En fait, je dois dire qu'avant de cogiter sur mon sort c'est vers mon père que sont allées mes premières pensées. Et à ce moment-là j'étais surtout content pour lui. Lorsque je l'ai appelé pour lui annoncer la nouvelle, il m'a répondu qu'il pouvait désormais mourir tranquille. Il avait tout donné pour cette ville, avant que son premier adjoint lui succède et dilapide l'héritage en laissant la ville ronronner durant dix années. Un crève-cœur.

Mon premier contact avec la mairie a été la demande d'un passe à la concierge pour venir travailler le soir ou le week-end. Son regard m'a fait comprendre que ce n'était pas tout à fait dans les habitudes de mon prédécesseur. J'ai été obligé de lui expliquer que je serais sûrement amené à travailler tard, à passer prendre un dossier. Le maire sortant, lui, ne m'a d'ailleurs jamais rencontré pour me transmettre les dossiers. Autant dire que les débuts ont été difficiles.

Je ne suis pas un « homme politique » avec tout ce que l'expression véhicule de course aux mandats, de calculs tactiques et de compromissions pour récupérer une place.

Je suis un homme d'action, de convictions, qui préfère, comme le dit l'adage populaire, mourir avec ses idées plutôt que vivre avec celles des autres.

À l'heure actuelle je ne sais pas du tout ce que je ferai à la fin de ce troisième mandat à la tête de la mairie de ma ville. Il me restera quelques années à travailler et j'aime que tout soit possible, ouvert. Est-ce que je commencerai une formation d'ébéniste, métier qui m'attire vraiment depuis que j'ai retapé un magnifique bateau en bois ? Partirai-je réfléchir un peu en déposant des câbles au fond de l'océan avec un des navires amarrés dans le port de Dunkerque ? Rejoindrai-je les équipages du capitaine Watson de Sea Shepherd pour m'interposer entre les baleines et les bateaux de pêche nippons ? À moins qu'avec la riche expérience acquise dans le domaine du développement durable et des collectivités je n'ouvre mon propre bureau de conseil… Il me reste un peu plus de trois ans pour décider, sachant que je pourrais aussi prendre des responsabilités politiques. Une possibilité parmi d'autres car je n'ai pas souscrit un abonnement en politique *ad vitam æternam*.

Je refuse d'entrer dans ce système où la seule ambition se limite à se représenter à l'élection suivante, à lorgner un nouveau mandat. Ils sont trop nombreux à répéter qu'ils veulent que le pays aille mieux, alors qu'ils visent une réélection pour tout horizon politique. Je n'arrive pas à comprendre qu'ils s'obstinent à appliquer les mêmes recettes qui ne marchent pas. Je suis sidéré par leur manque d'audace et d'ambition. Je ne veux pas qu'on m'assimile à eux. Moi, je suis juste dans l'action citoyenne et collective.

Ce qui est aujourd'hui sûr, parce que je l'ai mûri en parcourant à VTT près de 1 000 kilomètres dans les forêts polonaises l'été dernier, c'est que je ne quitterai pas ma mairie pour la députation cette année. J'ai l'intime conviction que le pouvoir de « faire » est entre les mains des maires et le sera plus encore demain. Or, cette marge de manœuvre qui autorise l'action est l'essence même de la politique, celle que j'aime et que je trouve noble. Il ne sert à rien de développer des idées dans de beaux discours si on ne change pas le quotidien des gens. Les maires sont les vrais acteurs. Regardez Anne Hidalgo, la première magistrate de Paris, comme elle aussi a fait bouger les lignes en créant son camp de pré-accueil pour les migrants, également en réunissant dans ses salons 700 édiles venus du monde entier en marge de la COP21, en décembre 2015. J'aurais dix autres exemples comme elle, mais ce n'est pas suffisant, je voudrais plutôt pouvoir en citer cent ou deux cents d'une traite.

Un maire peut être un acteur politique différent des autres. Il peut façonner sa ville, en faire un laboratoire, personne ne peut s'y opposer. Regardez l'ouverture du camp humanitaire de la Linière, l'État aurait bien aimé nous empêcher de le construire, il n'a pas réussi, car comme l'a souligné le ministre de l'Intérieur Bernard Cazeneuve lorsqu'il est venu le visiter le 30 mai : « On ne peut rien contre la volonté d'un homme. » Cette phrase, reprise de François Mitterrand, m'a ému parce que j'ai compris qu'en la prononçant Bernard Cazeneuve avait saisi l'esprit dans lequel j'agis. Il a vu très juste, c'est bien l'homme et pas l'homme politique qui a construit ce camp. En prenant cette décision, j'ai fait un geste humain et j'aime que ce soit compris comme ça. « J'ai pu mesurer la portée de ces propos à travers la fréquentation de votre collectivité et de vous-même au cours des derniers mois. Ce qui m'a convaincu, c'est d'abord la force de vos convictions», a ajouté le ministre, admettant, en creux, que face à ma détermination l'État a été obligé de plier. La force du maire est là. Il agit en homme alors qu'on le prend pour un homme politique.

Parfois, je me demande si ce décalage n'est pas constitutif de ma personne. J'ai été clown dans une vie antérieure. Pendant dix ans, de 1982 à 1992, je me suis produit, en amateur, dans une petite troupe qui s'appelait les Clowns de l'Arrosoir. Nous avons écumé les salles de la région et sommes descendus jusqu'en Île-de-France. Il nous est très souvent arrivé de refuser des spectateurs dans des salles combles, notre troupe fonctionnait bien et plaisait aux gens. Faire rire, c'est essentiel.

En fait, lorsque je préparais mon diplôme universitaire d'animation socioculturelle, j'ai fait un stage de clown, histoire de m'armer pour la représentation, les spectacles que l'on se trouve souvent devoir monter dans ce type de métier. Au départ, je l'ai donc fait dans le cadre de mes études, mais peu à peu j'ai attrapé le virus et continué de travailler avec un clown professionnel. J'aimais endosser ces habits-là parce que le comique a une fonction sociale. Le public a besoin de lui pour dédramatiser la vie, pour trouver un peu de plaisir. Et cela demande un engagement immense.

J'ai d'emblée joué le second auguste pour les Clowns de l'Arrosoir. Ce rôle s'est imposé à moi. Dans la codification, il y a trois types de clowns : le clown blanc, le premier auguste et le second. Le clown blanc est une sorte de Monsieur Loyal avec toute la superbe du rôle. Le premier auguste, lui, déstabilise le clown blanc en faisant échouer ses entreprises. Puis vient le second auguste, avec son décalage permanent. On le baptise parfois contre-pitre parce qu'il est l'auguste de l'auguste, celui qui n'a pas la même culture que ses deux acolytes et appréhende différemment le monde. Nos spectacles étaient sans prétention mais ce n'est sans doute pas un hasard si j'ai pratiqué cet art pendant dix ans. Pantalon trop large, tee-shirt aux manches trop courtes, bretelles bien sûr, je n'avais rien de commun avec notre Monsieur Loyal en chemise à jabot et veste noire. En même temps, sur scène, mon décalage faisait avancer le spectacle. C'est important. Comme mon décalage d'approche de la politique fait bouger les choses parce que j'aborde mes missions avec un appétit vorace de construire, d'avancer. La fonction de maire est la plus passionnante qui soit parce qu'on fait de tout : du social, de l'urbanisme, de la culture, du sport, de l'environnement, de l'énergie. On touche à tous les domaines, on a des leviers sur tout.

Un de mes livres de chevet s'intitule *Et si les maires gouvernaient le monde ?* avec pour sous-titre « Décadence des États, grandeur des villes ». Tout est dit dans cette formule. L'auteur est américain, il s'appelle Benjamin Barber et enseigne à l'université du Maryland. C'est un spécialiste des sciences politiques qui estime que les nations sont de plus en plus engluées dans l'impuissance pendant que les villes, elles, font un meilleur « job ». En 2013, il a voulu poser cela par écrit.

J'aime ce livre parce qu'on y suit l'auteur sur le terrain lorsqu'il relaie les actions d'une douzaine d'élus de très grandes villes à travers le monde : Gdańsk, Los Angeles, Moscou ou Bogotá. À Grande-Synthe, nous venons de mettre en place un budget participatif, et il est passionnant pour moi de voir la manière dont la ville de Porto Alegre a pensé le sien en 1989 pour permettre aux gens de décider en partie ce qu'ils souhaitent voir réaliser chez eux. On s'enrichit de la pratique d'autres villes, même de tailles totalement différentes ! L'idée de confier aux habitants la gestion d'un pourcentage du budget municipal est nouvelle dans ma ville, elle vient d'être mise en place en 2016, et cela me semble une façon intéressante d'impliquer les citoyens, de leur donner le pouvoir d'agir puisqu'ils orientent les dépenses de la municipalité et appréhendent en grandeur réelle la difficulté de mettre des projets sur pied. Et ce n'est qu'un exemple, car nous avons tellement besoin de mutualiser nos idées, nous les maires.

Benjamin Barber montre clairement comment le maire est un homme politique particulier. Son positionnement dans la cité n'est pas celui des autres politiques. Parce qu'il vit là, il est une personne du quartier, un citoyen lambda, un voisin connu de tous qui fait partie de la communauté. C'est sa grande force. C'est là qu'il se forge un pragmatisme bien au-dessus des idéologies.

À Grande-Synthe tout le monde sait que j'habite dans un appartement à deux pas de la maison communale. Parfois, le soir quand je rentre, des joggeurs me saluent ou changent leur parcours pour venir discuter cinq ou dix minutes. Quand je fais mes courses, à l'hypermarché ou dans les commerces de quartier, c'est la même chose. Le maire n'est pas au-dessus de la mêlée. Il est parmi ceux qu'il administre, un citoyen comme les autres.

Si j'étais énarque, je me comporterais peut-être différemment, allez savoir. Mais ma formation n'a rien à voir avec le classique Sciences Po / École nationale d'administration qui brille sur la plupart des CV du monde de la politique française. J'ai plutôt fréquenté l'école de la vie. D'abord, alors que j'avais le choix entre une orientation vers un bac littéraire ou un bac scientifique, j'ai choisi l'électrotechnique. Moins pour la discipline, que parce que tous mes copains y allaient. Je suis fils d'ouvrier ; il n'y avait pas chez nous une hiérarchie des filières comme dans les familles bourgeoises. Je suis donc allé dans un lycée technologique où l'on préparait les jeunes à postuler à l'usine, à devenir des ouvriers comme leurs pères. J'ai découvert un univers que je connaissais peu : les matinées entières en atelier, la technologie et le dessin industriel à haute dose. J'ai développé là une capacité à la lecture des plans qui m'aide beaucoup aujourd'hui lorsque je travaille avec des architectes, je vois tout de suite ce que cela donnera en 3 D, sur le terrain. C'est un savoir-faire très utile qui me simplifie bien la vie.

Je n'ai jamais vraiment regretté cette orientation scolaire. C'était mon choix et mes parents m'avaient responsabilisé en me laissant le faire, alors que j'aurais pu aller en lycée général. Mais très vite j'ai senti le déterminisme social qui planait sur le lycée professionnel. Mes copains étaient fils d'ouvriers et allaient rester dans ce monde. Tout dans le lycée préparait à la vie à l'usine. Quand j'ai compris ça, en terminale, je me suis désintéressé de la partie professionnelle de ma formation, parce que je savais que je n'irais pas travailler dans une usine ou sur un chantier. Résultat, je n'ai été reçu qu'à la partie théorique du bac et ça m'a compliqué l'entrée dans l'enseignement supérieur.

Durant l'été, j'ai quand même trouvé à Lille un IUT (institut universitaire de technologie) d'animation socioculturelle, où j'ai étudié deux ans avant de travailler dans ce secteur quelque temps, puis de reprendre des études d'informatique plus tard, à l'issue d'une période de chômage. Ç'a été une sorte de seconde chance pour moi et je suis ravi d'avoir pu le faire. Rétrospectivement, je ne regrette rien dans mon parcours. Je pense même que j'ai appris énormément sur l'humain grâce à l'animation sociale, et que cela sert beaucoup plus dans le quotidien d'un homme politique que d'être passé par le formatage de l'ENA.

C'est sans doute à cause de ce goût du « faire », de la proximité, du terrain, que j'ai du mal à me trouver des modèles parmi les hommes politiques nationaux. Quand Nicolas Hulot publie *Osons*, pendant la COP21, j'approuve à toutes les pages. Nicolas est un homme de convictions. Il suffit de lire ses plaidoyers sur les migrants, ou son livre *Plus haut que mes rêves*. Il est mû par l'humain, la dignité, l'empathie et la simplicité. Mais rares sont les politiques nationaux qui incarnent ça, dont l'action publique transpire cet engagement au service des autres, de la planète.

Il y a quelques années j'aurais volontiers cité Arnaud Montebourg, le Montebourg que j'ai connu au début du courant Nouveau Parti socialiste (NPS), au sein du PS. C'était après le second tour Chirac-Le Pen, il nourrissait beaucoup d'idées neuves, était créatif. Aujourd'hui je suis très déçu de son cheminement. Plaider pour le nucléaire et le gaz de schiste, être candidat à tout, c'est triste mais c'est aussi ce qui arrive lorsqu'on ne vit plus qu'entouré d'énarques. Le pouvoir dénature…

Aujourd'hui je suis chez EELV, Europe Écologie-Les Verts, et m'y sens bien. D'abord parce que je suis profondément, intrinsèquement écologiste. Ensuite, parce que ce parti est dynamique et vivant. Certains le voient comme un grand bazar, je ne suis pas d'accord avec cette analyse. Il y a du débat, des échanges d'idées, c'est sûr, mais cela devrait être la norme partout. Je suis arrivé dans ce parti en 2014 ; avant j'avais par deux fois adhéré au PS, et tenté de faire bouger les lignes de l'intérieur. En vain.

Au départ, je suis entré au PS pour faire plaisir à mon père. Il n'a jamais été dans les instances du parti, pas même au secrétariat fédéral, mais il voulait que je prenne ma carte. À l'époque, les partis politiques ne me plaisaient guère mais mon père a su me convaincre, à force de me répéter qu'il fallait être à l'intérieur pour faire changer les pratiques, que sinon ça n'évoluerait jamais... Je l'ai écouté et, vers l'âge de 25 ans, j'ai franchi le pas. Cela devait être en 1985. J'en suis reparti en 1992, avec Maastricht, parce que j'ai senti à ce moment-là que se dessinait une Europe de l'argent. Et là, le positionnement du PS ne m'allait plus du tout.

En 2002, je venais d'être élu maire et, avec l'élimination de la gauche au premier tour de l'élection présidentielle, la question d'un retour au PS s'est posée avec acuité, en des termes différents. J'avais beaucoup de responsabilités, mais j'étais tenté par un « come-back », surtout parce qu'il y avait le NPS avec Vincent Peillon, Arnaud Montebourg, Benoît Hamon, et je m'y retrouvais assez en termes de positionnement politique ; et puis, mes réseaux de relations étaient proches du PS. Alors j'y suis allé. C'est là que j'ai rencontré Olivier Caremelle, mon actuel directeur de cabinet. Nous étions dans le même groupe, de la même région. Nous avons fait connaissance et continué de nous voir. Nous avons même fait des campagnes ensemble, comme celle du non sur l'Europe en 2005. J'ai aussi franchi le pas de réintégrer le PS parce qu'au niveau local il n'y avait pas de groupe des Verts et, comme j'ai battu une liste de gauche plurielle sur laquelle figuraient beaucoup de gens que je connaissais parce qu'ils avaient été proches de mon père, redevenir socialiste me permettait d'éviter une scission de la gauche dans ma ville.

Cette fois, le PS et moi, ça a duré douze ans. Mais là encore, je n'ai rien fait bouger du tout ! Ni moi ni les autres du courant NPS, d'ailleurs... La voix dominante est restée la même ; rien ne change, on continue de reproduire ce qui conduit à l'échec. Je pense que, si l'innovation dans ce parti c'est Macron ou Valls, il vaudrait mieux qu'ils aillent à droite, les choses seraient plus claires. Se draper dans des valeurs de gauche pour mener une politique de droite ne me satisfait pas. Bien sûr, j'aurais pu rester, jouer les hypocrites, applaudir de temps en temps et m'offusquer à d'autres moments. Pour faire une carrière dans la région, c'était évidemment le choix à faire, mais je ne suis pas dans ce genre de calculs ; je m'y refuse même catégoriquement.

Un jour j'en ai eu assez de ces faux-semblants et je suis parti. Peut-être par maturité politique, peut-être parce que j'avais acquis une assise locale qui me permettait de le faire. J'avais mené des réalisations qui faisaient de moi un écologiste, alors il a paru naturel à tout le monde que je passe à Europe Écologie. Personne n'a essayé de me retenir au PS. En fait, comme c'est un panier de crabes où tous se disputent les investitures, mon départ faisait un concurrent de moins dans la course aux sénatoriales, aux législatives, ou à toute autre place au chaud quelque part. Comme j'ai toujours été assimilé à électron libre, le fait que je m'en aille n'a attristé personne. Et surtout pas moi. Je ne regrette rien. Ce parti était décidément trop « cravaté » pour moi.

D'ailleurs, la cravate est à mes yeux un symbole de la vie politique française. Je déteste cet accessoire que la politique adore. C'est pour moi le comble du classicisme, de l'entre-soi, des compromis et de la quête des places. Je n'en porte donc presque jamais. Je la réserve pour quelques rendez-vous comme les vœux à mes concitoyens, parce que je sais que les personnes âgées, nombreuses ici, n'aimeraient pas que je m'en affranchisse. Elles adorent avoir un maire qui ressemble à l'image qu'elles se font de la politique et j'aime leur offrir ce petit plaisir. C'est un peu mon cadeau de nouvel an. À part ce moment, je n'en porte que pour les réceptions commémoratives, le 11 Novembre ou le 8 Mai. Pas même pour les enterrements. J'en ai mis une pour la venue de Bernard Cazeneuve, en mai 2016, mais c'était surtout pour obliger le journal *La Voix du Nord* à écrire sur le fond du sujet et non sur ma tenue. J'ai été échaudé une fois quand Élisabeth Guigou, ministre de la Santé, nous avait rendu visite à l'aube des années 2000. Il faisait très chaud ce jour-là et je l'avais reçue avec un costume de lin, sans cravate. Or, je vous le donne en mille, c'est ce qui a fait la une de *La Voix du Nord*. Je ne suis pas fan des polémiques stériles, et priver les lecteurs d'informations sur le fond pour y préférer une analyse de la tenue du maire me semble dommage.

Comme je ne suis pas très préoccupé de mon look, je n'ai pas non plus réfléchi à ma tenue lorsqu'on m'a proposé d'interroger Nicolas Sarkozy dans *L'Émission politique* de France 2, le 15 septembre 2016. En quittant Grande-Synthe pour Paris, où j'avais des rendez-vous la veille, j'avais mis dans ma valise un costume et plusieurs chemises, comme d'habitude. Et puis, j'ai eu un appel très sympathique de conseillers en communication qui m'ont proposé de me rencontrer. Ils étaient proches d'EELV et à cette époque conseillaient Cécile Duflot. Eux partaient du principe que seule une tenue classique, avec un costume gris ou bleu et une chemise blanche, pouvait servir mon propos. Ils m'ont expliqué que ma parole était tellement décalée qu'une tenue trop cool renforcerait encore ce pas de côté. Le risque, d'après eux, était que je passe pour un « bobo » qui « vend » son discours et son look avec. J'ai jugé cette mise en garde intéressante et je pense que ces personnes sont de bon conseil, mais dans ma valise j'avais un pantalon marron et une veste grise, alors j'ai simplement changé ma chemise un peu trop bariolée, et mon relooking s'est arrêté là… Je n'arrive pas à entrer dans toutes ces logiques que je comprends pourtant et trouve passionnantes du point de vue intellectuel. Reste qu'au quotidien je porte des jeans et mon effort vestimentaire atteint vite ses limites.

En cela comme sur bien d'autres points, je crois que je partage beaucoup avec mon père. Je ne fais pas de la politique comme lui parce que le monde a changé, mais les valeurs qui le portaient sont aussi celles qui m'animent ; et la couleur du costume y tient peu de place… Il m'a surtout éduqué à l'importance de l'autre et tenait ça des combats qu'il avait menés comme permanent jociste quand il était jeune, puis comme permanent syndical. Il a été élu maire de Grande-Synthe trois ans après notre arrivée dans la ville parce que ses copains lui avaient dit qu'il fallait qu'il se présente, qu'il prenne la tête de liste avec son passé syndical, avec son rapport à l'autre, son engagement et son sens du collectif. Durant ses vingt et un ans passés à la tête de la mairie (1971-1992), il n'a jamais fait la moindre concession sur ses valeurs. En cela il est mon modèle.

Comme lui, j'utilise mon énergie à bâtir, à modeler, à faire. On dit de moi que je suis un maire « bâtisseur » et c'est vrai que j'aime le concret, contrairement sans doute aux hommes politiques formatés par les grandes écoles où le discours et la communication priment sur les actes. Je suis d'ailleurs tout à fait favorable à la suppression de l'ENA qui crée de l'immobilisme en constituant une caste qui se reproduit et va de fauteuil en fauteuil, toujours en quête d'une place plus confortable, et qui partage les mêmes modèles économiques, les mêmes certitudes, sans aller voir ce qui se passe vraiment sur le terrain, sans entendre ce que les gens ont à dire.

En fait, quand je suis arrivé dans cette collectivité, en 2001, j'avais une équipe d'élus spécialistes dans chaque domaine, c'est-à-dire qu'à l'éducation j'avais une enseignante, Corinne, pas juste prof mais engagée dans l'éducation, dans la recherche pédagogique ; à la culture j'avais un intermittent du spectacle, Jean-Louis, qui connaissait super bien le domaine ; à l'insertion j'avais un syndicaliste de Pôle emploi, qui s'appelait Jean-Louis, lui aussi. Des pros… parce que je savais que nous devions redémarrer la machine administrative, et l'orienter vers nos objectifs. Il nous a fallu quelques années pour réussir. Ç'a été long et difficile car l'inertie administrative devait être transformée en énergie créatrice. Les élus ont beaucoup porté les différentes orientations, beaucoup expliqué. Ils ont impulsé les premières décisions, se sont sans cesse assurés que l'administration suivait bien. Maintenant, seize ans après, les services sont devenus force de proposition. C'est extraordinaire ! Ils ont compris les enjeux, la cohérence de l'ensemble de notre politique. Et puis, ils ont vu notre engagement. C'est du vingt-quatre heures sur vingt-quatre. Quand on est maire, on ne peut pas éteindre son portable. Au début, je ne le savais pas et l'ai appris à mes dépens. Le 4 octobre 2002, dix-sept mois après mon arrivée, j'ai vécu une des heures les plus terribles qui soient pour un élu.

La veille, j'étais rentré tard, fourbu. Ce 4 octobre, comme chaque matin, la radio branchée sur France Info me réveille. Et là, c'est comme si le ciel me tombait sur la tête. France Info annonce le meurtre d'un adolescent à Grande-Synthe, et je ne suis même pas au courant. Je garde de cet instant un épouvantable sentiment de ratage et de rage contre moi-même. Je cours enfiler un pantalon, je rallume mon téléphone pour voir s'afficher une longue liste de messages et d'appels en absence.

La veille aurait pu être un vendredi soir comme les autres pour Mohamed Maghara, 17 ans. Le lycéen est sorti avec ses copains au café Le Narval. En milieu de soirée, Karim, 22 ans, Adrien, 21 ans, Youssef, 18 ans, Brahim, 19 ans, Rachid, 20 ans, et Mohamed, 17 ans, bavardent tranquillement sur le trottoir, quand Joël Damman arrive. Il s'approche, tire deux fois. Ce chasseur sait que son arme peut tirer un coup mortel à trente mètres et veut « casser de l'Arabe ». Parti à 20 heures de son domicile de Coudekerque, à quelques kilomètres, à bord de son 4×4, il a déjà tiré sur un groupe de trois Maghrébins qui discutaient sur le trottoir dans une ville voisine avant d'arriver dans Grande-Synthe. Là, Mohamed fait quelques dizaines de mètres pour s'enfuir, puis s'écroule. Karim le rejoint, essaie de stopper l'hémorragie de son copain, dont le corps est criblé de 126 plombs. Dans les poches de Mohamed il y avait trois places de cinéma, une pub pour une auto-école, cinq entrées de piscine. Toute la vie d'un adolescent de cet âge-là.

J'appelle tout le monde, je gueule sur les flics en leur disant que, si je ne réponds pas à mon portable, j'ai un téléphone fixe. Je leur rappelle qu'ils savent où j'habite, qu'il suffisait qu'ils sonnent chez moi… Évidemment, je me rends dans la famille tout de suite. Une famille marocaine admirable, avec laquelle je suis encore en contact, car ce sont des gens extraordinaires. D'emblée, sentant qu'on pouvait glisser vers l'émeute, ces parents ont tout fait pour apaiser les choses. Moi aussi, j'ai dû faire face à 300 jeunes qui voulaient en découdre, mais c'était mon travail. J'avais aussi été élu pour ça et je regrettais bien de n'avoir pas été présent aux premières heures du drame. Le meurtrier a été condamné à 25 ans de prison. L'avocat général en avait requis 30 car c'était un meurtre raciste avec préméditation. Heureusement que la police l'a retrouvé dans les vingt-quatre heures, sinon je pense que nous aurions eu du mal à contenir la jeunesse.

J'ai accompagné tout ça. Ç'a été extrêmement dur. Cet épisode m'a servi de leçon : lorsqu'on accepte d'être maire d'une ville, on l'est en permanence, alors je n'éteins plus jamais mon téléphone. Pour ce qui est des ondes, ce n'est pas excellent, mais le jour où j'arrêterai d'être maire, je ferai une cure sans électromagnétisme. Pas avant. Je veux être là lorsqu'on a besoin de moi. Même si parfois je me sens bien impuissant.

Nous ne sommes jamais à l'abri du geste d'un déséquilibré, mais je me rassure en me disant que la ville est beaucoup plus sûre et plus stable qu'il y a seize ans. Je n'ai pas la prétention d'avoir tout transformé, mais j'observe depuis mon poste de président d'honneur de l'« association des maires Ville et Banlieue de France », que nos territoires sont précurseurs des phénomènes. La délinquance régresse chez nous alors qu'elle progresse ailleurs. Le Front national, qui s'est installé sur nos terres banlieusardes avant de se faire une place ailleurs, n'y gagne plus trop de nouvelles voix. Nous avons mis beaucoup de dispositifs en place, maillé le terrain depuis des années. Je croise les doigts pour que nous puissions continuer cette ascèse.

3

Rendre de la dignité à chacun

Je ne sais pas si j'ai été un bon auguste, mais j'ai aimé jouer ce rôle. J'aimais le stress avant le lever du rideau, ces moments où la tension monte durant l'habillage et le maquillage, puis tout à coup la surprise de découvrir l'ambiance de la salle. De mon expérience de clown, j'ai encore gravée en moi la douce sensation de l'effacement de la tension du public au fil de la soirée. Il est gratifiant de penser qu'on soulage les spectateurs du poids de leur quotidien, qu'on fait un travail de thérapeute. Quand nous sentions se dénouer les crispations initiales, nous redoublions tous quatre d'énergie, avec les deux Jean-Marie et Élisabeth, conscients d'être en train de gagner notre pari du jour. Le clown a un rôle social. Il est comme une éponge qui absorbe les émotions négatives, permet d'oublier les galères du moment.

Je suis arrivé à cet art par hasard, mais je ne l'aurais pas pratiqué dix années durant, si je ne m'étais pas senti bien dans ce rôle. Je n'aurais pas consacré tous mes vendredis soir aux répétitions et une partie de mes samedis aux représentations si ce jeu n'avait pas eu un profond retentissement sur moi. Le clown aime ses spectateurs, il éprouve une grande tendresse pour eux. C'est sa force. Bien que j'aie lâché la scène en 1992, il y a vingt-cinq ans maintenant, mes oreilles sont restées sensibles aux rires des enfants et des adultes. C'était ma récompense, et parfois dans la rue je me laisse surprendre par un éclat de rire qui me rappelle les auditoires. Parfois, j'aimerais redevenir ce second auguste qui savait dédramatiser la vie en offrant un exutoire à la dureté du quotidien. En plus, la cruauté n'a pas prise sur le clown, celle du clown blanc glissait sur mes bretelles avant de s'écraser devant mes chaussures trop grandes ou de se perdre dans l'ourlet tire-bouchonné de mon pantalon. Cela apportait une bouffée d'oxygène au public. Nous aimions dire que nos spectacles auraient dû être remboursés par la Sécurité sociale tant le rire est salvateur, libérateur, un antidote contre les agressions du monde. Le clown observe la vie quotidienne et la détourne, il grossit le trait, rend grotesques les situations les plus humiliantes. Il est une loupe braquée sur la société. Le clown blanc avec son autorité. Le premier auguste qui veut être plus chef que le chef, mais n'en a pas les capacités. Et le second auguste qui ne comprend pas tout. Gauche. Mais tellement attendrissant. Les clowns excellent dans l'autodérision. Nous avons tous un clown qui sommeille au fond de nous. Et peut-être que le monde fonctionnerait un peu mieux si chacun le laissait s'exprimer.

Après quelques années de scène, cet art nous semblait tellement nécessaire que nous avons importé un festival. Au fil de nos soirées et de nos rencontres, nous étions entrés en contact avec les clowns du Prato de Lille – une véritable institution –, qui organisait son festival dans la capitale du Nord. Nous avons passé une convention avec eux pour décentraliser l'événement à Grande-Synthe. Et donc pendant six ans, de 1986 à 1992, les Grand-Synthois ont eu leurs spectacles rien que pour eux. Mais ça devenait une machine trop lourde pour qu'on continue. Il aurait fallu être professionnel, ce qui n'était pas notre cas.

C'est dans ce cadre que j'ai croisé pour la première fois Yolande Moreau. Elle jouait seule dans un one-woman show étonnant, *Sale affaire de sexe et de crime*. Détonnant, même. Les gens étaient morts de rire pendant toute sa prestation, si bien que nous l'avons invitée les six années qu'a duré l'événement de Grande-Synthe. C'était notre *guest star*. C'était au début de sa carrière et déjà son jeu dépouillé voire sa simple présence étaient d'une force inouïe.

En 2004, lorsqu'elle a réalisé *Quand la mer monte...*, elle est venue tourner là. Et en 2015, elle m'a appelé quand elle a monté son documentaire sur les camps de migrants. L'époque du festival était si loin qu'elle a commencé par me vouvoyer avant que tous nos moments en commun ne se remettent en place, comme on remonte un décor. Le temps a passé depuis, chacun connaît sa brillante carrière, mais dans le fond son documentaire sur le Basroch est empreint de la même patte que son jeu sur scène à ses débuts. Sa marque de fabrique, c'est sa très grande humanité, tout simplement. Elle redonne dignité à tous ceux à qui elle s'adresse, comme aux Kurdes dont elle parle alors que le camp de la Linière n'est pas encore ouvert et qu'ils pataugent dans la boue, glacés jusqu'aux os.

C'est drôle parfois comme les mots s'invitent dans notre vie. J'aime assez ce moment étrange où l'on sent qu'on est en train de s'approprier un terme qui ne faisait pas partie de notre vocabulaire avant, ni même de notre univers. Ils arrivent parfois tard, ces mots nouveaux, mais ils éclairent rétrospectivement d'un jour différent toute notre approche du monde. C'est exactement ce qui vient de m'arriver avec le concept de « dignité ».

Je l'ai employé dans l'analyse de ma prestation de clown. Il y a dix ans, je ne l'aurais pas dit comme ça. Je n'employais jamais ce terme, allez savoir pourquoi. Je le trouvais peut-être trop guindé, trop cravaté... Un jour, l'été dernier, alors que je travaillais comme bénévole dans le camp d'accueil des migrants, à la Linière, j'ai surpris une conversation à mon propos. Des associatifs se félicitaient entre eux qu'à Grande-Synthe « le souhait du maire soit de redonner de la dignité aux migrants ». Je suis sûr de n'avoir jamais utilisé ce terme, en tout cas je n'ai jamais plaidé le sujet comme ça, mais cette phrase entendue à la dérobée, un peu volée, m'a interpellé et a longtemps résonné en moi. Finalement, je me reconnais assez dans cette approche, et crois même que rendre aux gens la part de dignité que les accidents de la vie leur ont volée devrait être le but de toute personne qui se lance en politique ; la définition de la fonction. Après, c'est un concept qui se décline comme on veut ; en fonction de la personnalité, de la sensibilité de chacun.

En réfléchissant à ce sujet, je me suis rendu compte que cette recherche de la « dignité pour tous » m'habite depuis très longtemps ; elle a été mon moteur sans que j'en sois conscient, bien avant mon entrée en politique. Ma première envie de rendre de la dignité au plus grand nombre s'est faite dans le cadre médico-social. Quand j'ai terminé ma formation en animation sociale – un diplôme universitaire technologique (DUT) à l'université de Lille –, j'ai travaillé un an dans un foyer de handicapés moteurs adultes dans une ville voisine. En arrivant là-bas, je n'avais pas encore tout à fait troqué mon statut d'étudiant, pour regarder la vie en face avec ses immenses injustices. Au début, je me suis demandé ce que j'allais pouvoir apporter à ces gens atteints de myopathie, d'infirmité motrice cérébrale ou de spina-bifida. Tous avaient des handicaps terribles, certains une espérance de vie limitée… J'ai apprivoisé ces maladies en commençant par les dédramatiser. Ensuite, je me suis attelé à la mission que je m'assignais : optimiser la situation de chacun dans la mesure de mes moyens.

Comme je bricolais un peu en électronique – grâce à ma formation en électrotechnique au lycée –, j'ai aidé l'un d'eux pour que d'un claquement de langue il puisse se faire mieux comprendre et interagir avec le personnel, accomplir de lui même quelques gestes de la vie quotidienne, comme allumer son téléviseur, ouvrir ou fermer sa porte ou encore éteindre une lampe. J'ai aussi travaillé avec un infirme moteur cérébral, pour qu'il apprenne un langage. Il fallait qu'il puisse montrer des choses, afin de s'exprimer. Le langage articulé ne lui était pas accessible puisque son cerveau avait été trop longtemps compressé à sa naissance. Lorsqu'il était à l'institut ça allait, d'autant qu'au fil du temps il avait mis en place des codes avec le personnel pour se faire comprendre. Mais quand il était seul dans la rue, au milieu d'étrangers, il n'arrivait plus du tout à communiquer. C'était une grande souffrance pour lui, une immense frustration ; il se sentait perdu, abandonné, enfermé dans un monde sans portes sur l'extérieur. J'ai passé des heures à le faire travailler. Nous sortions tous deux épuisés de ces séances. Au fil du temps, ça a porté ses fruits. Depuis, cet homme a même pu prendre un appartement à Lille. Sortir du foyer et vivre de manière autonome était son vœu le plus cher. Je crois que j'ai été aussi heureux que lui du résultat et rétrospectivement, lorsque je m'interroge sur la dignité, je me dis que déjà à l'époque c'était un des moteurs de mon action.

Depuis que je suis arrivé à la tête de la ville, j'ai conservé cette idée que nous avons des devoirs envers les plus fragiles, et les personnes victimes de handicap en premier lieu. Dès 2001, j'ai commencé par dénoncer le marché de la restauration scolaire et ouvert ce marché public aux seules entreprises d'insertion. Un ESAT, établissement et service d'aide par le travail, ou, dit autrement, une structure qui offre un emploi à des personnes handicapées, était implanté dans la ville. Il disposait d'une cuisine centrale et faisait déjà de la restauration. Comme il a été le seul à répondre, nous lui avons confié les repas, ce qui a permis de sortir de l'inactivité plusieurs dizaines de personnes handicapées. En interne la mairie a aussi la préoccupation de fournir des emplois à ces gens vulnérables. Ainsi 11 % de notre personnel souffre d'un handicap, ce qui est largement au-dessus des 6 % d'obligation légale. C'est une façon aussi simple qu'efficace de rendre de la dignité à toute une tranche de la population.

Nous ne sommes pas omnipotents et ne pouvons pas répondre à toutes les demandes. Mais quand c'est possible, nous n'hésitons pas. Ainsi, un père est venu me voir il y a quelque temps, très inquiet. Il était déjà âgé et ignorait ce qu'il adviendrait de sa fille une fois qu'il ne serait plus là. Nous avions employé cette jeune femme dans des dispositifs particuliers qui prenaient fin. Elle avait été victime d'un accident de la route et ne pouvait plus travailler à plein temps. Elle avait un problème de résistance physique à la fatigue, mais aucune difficulté intellectuelle. Alors ensemble et avec mes services, nous avons décidé qu'un contrat d'une vingtaine d'heures hebdomadaire serait l'idéal et nous avons trouvé un poste qui lui convenait. J'ai été très heureux de cette petite victoire qui a redonné espoir et sérénité à sa famille.

Chacun, dans la situation où la vie l'a placé, conserve un potentiel. À nous, politiques, de l'optimiser. J'avais l'avantage, en arrivant ici après mon expérience « médicale », d'être d'emblée conscient qu'une fois passée la surprise initiale une personne handicapée qui travaille devient un collègue comme un autre. Elle perd très vite cette étiquette de « différente » que la vie lui a collée.

Ç'a été pareil pour les migrants. Les Kurdes, obligés de faire une pause sur le territoire de ma commune avant d'entrer en Grande-Bretagne, avaient eux aussi besoin d'un coup de pouce pour sortir du bourbier urbain où ils pataugeaient faute d'une offre d'hospitalité décente par la France. Ce ne sont pas des « migrants » qui vivent à la Linière, contrairement à ce que plaidaient la préfecture ou le ministère de l'Intérieur, ce ne sont pas encore des « réfugiés », au sens administratif du terme, ce sont des hommes et des femmes avec un projet qu'ils essaient de mener à bien. J'ai à de multiples reprises qualifié de « camp de la honte » l'espace du Basroch, parce que l'entassement de 2 000 personnes là en faisait un lieu effrayant, très en deçà des standards les plus bas que l'on puisse tolérer. La honte est bien le contraire de cette dignité qu'on a chacun en soi et qui ne demande qu'à être reconnue.

N'allez pas croire que ce que je dis s'apparente à de la charité chrétienne. Ce n'est pas mon moteur. Je ne suis pas croyant. De mes parents, qui eux l'étaient et pratiquaient leur religion, j'ai surtout hérité les valeurs humanistes. Mon père et ma mère, lorrains tous deux, s'étaient rencontrés à la JOC, la Jeunesse ouvrière chrétienne. Nos samedis soirs ont été rythmés par l'attente de leur départ à la messe. Un moment que mes frères, ma sœur et moi adorions parce que nous avions obtenu de ne pas les y accompagner et que cela représentait pour nous un concentré de liberté. C'était l'heure de notre partie de foot dans le couloir avec une balle en tissu que nous avions fabriquée en faisant des nœuds à un vieux vêtement. Il y avait un goal à chaque bout du couloir et on s'amusait comme des fous, au point que cet espace avait la même odeur qu'un vestiaire après un match, quand mes parents revenaient... Comme on ne cassait rien, c'était une récré tolérée qui prenait fin à 20 heures, l'heure du coucher. Mes parents avaient foi dans l'homme autant qu'en Dieu. C'est d'ailleurs le sens que je donne à l'engagement politique de mon père, passé successivement de la JOC à la CFTC, puis à la CFDT et au PS.

Je suis fier d'avoir grandi dans ce milieu ouvrier, où mes parents savaient de quoi ils parlaient lorsqu'ils s'adressaient à des smicards comme eux, ou à des familles qui avaient du mal à terminer le mois. Cette culture de la juste valeur de l'argent m'a construit tel que je suis aujourd'hui. À l'heure où la « pauvrophobie » s'est largement insinuée dans la société, je revendique d'être le fils d'un ouvrier et d'une mère au foyer. Si les hommes politiques étaient plus nombreux à avoir grandi aux côtés de cinq frères et sœur dans une famille où ne rentrait qu'un seul salaire, ils seraient peut-être un peu moins décalés. Mais je vous rassure, j'ai eu une enfance heureuse, n'ai manqué de rien, suis même parti en vacances tous les ans et ai fait plus de sport qu'on n'en faisait dans beaucoup de familles plus aisées.

Bien sûr, j'ai acheté mon premier vélo avec de l'argent gagné en travaillant aux champs durant l'été, près de notre lieu de vacances – dommage, je me le suis fait voler deux mois plus tard devant la piscine. J'ai aussi payé mon permis de conduire et acheté ma première voiture avec mes économies, mais c'était la norme… Mes copains faisaient la même chose. Et c'est l'école de la vie. Alors aujourd'hui je comprends quand mes concitoyens me parlent de leurs fins de mois. D'ailleurs, quand je suis arrivé à la mairie il y a quinze ans, j'ai baissé de 30 % les indemnités des élus. Je touche 2 400 euros net, avant impôts, pour cette fonction alors que je dirige plus de 1 000 salariés et que je gère un budget annuel de près de 80 millions d'euros. Je perçois aussi 1 600 euros pour assurer la vice-présidence de la communauté urbaine. Je ne me plains de rien ; c'est beaucoup plus que ce dont disposent la plupart des Grand-Synthois.

Avec ses 24 % de chômage, ma ville souffre ; 33 % des foyers qui bénéficient d'allocations en dépendent pour plus de 50 %, et 19 % pour la totalité de leurs revenus. Alors mon rôle, c'est de panser ces plaies matérielles. J'essaie de soigner les maux, de rendre le quotidien aussi doux que possible. Évidemment, je rêve d'un revenu universel qui permettrait à chacun de vivre comme il l'entend, la tête haute, sans avoir rien à réclamer à quiconque. Ce n'est pas le choix qui est fait aujourd'hui en France par le pouvoir en place. Et même si c'est un projet que porte ma formation politique, EELV, et sur lequel Benoît Hamon a construit son programme, je dois faire sans pour le moment.

Dans ce contexte difficile, le rôle d'un maire est de « compenser » le mieux possible pour que personne ne porte les stigmates de la pauvreté. Personne ne doit être privé d'énergie parce qu'il ne peut régler ses factures de gaz ou d'électricité. Personne ne doit être montré du doigt parce que sa farine ou son sucre lui sont donnés par les Restos du cœur, ou que ses vêtements proviennent d'un vestiaire solidaire.

L'hiver prochain, j'espère que nous aurons assez avancé notre projet d'« épicerie solidaire » pour que la ville assume sa responsabilité de nourrir tout le monde et que nos quartiers ne soient plus divisés entre ceux qui se fournissent aux Restos du cœur et les autres. J'estime que la ville doit elle-même procurer à tous l'accès à la nourriture. L'idée de déléguer à un prestataire que nous finançons me gêne de plus en plus. Cela nous dédouane d'une responsabilité qui est celle de la collectivité publique. Je ne sais pas à l'heure actuelle comment nous allons procéder, mais j'y réfléchis depuis quelque temps et nous avançons. Mon père déjà était contre la présence des Restos ici pour la même raison. Dès le début de la belle initiative de Coluche, il disait : « Non, c'est à nous de le faire, c'est notre responsabilité d'élus de mettre en place des dispositifs pour que chacun mange à sa faim. » D'ailleurs je pense que c'était la volonté même de Coluche. Il avait lancé l'opération non pour qu'elle se pérennise, mais pour qu'elle fasse bouger l'État. Comme l'État n'a rien fait, il faut que nous, les maires, reprenions ce dossier de l'alimentation des plus défavorisés ; on ne va pas rester éternellement avec les Restos. Il y a un besoin structurel, il faut que les collectivités locales l'entendent et y répondent.

À Grande-Synthe, comme dans de nombreuses villes de France, les « bons jaunes » ont précédé les Restos. Les gens venaient au bureau d'aide sociale pour la distribution de tickets alimentaires avec lesquels ils payaient à la caisse de l'épicerie. Évidemment, je détestais ces petits cartons, trop visibles, un peu trop connotés « étoile jaune du pauvre », c'est la raison pour laquelle nous devons imaginer autre chose. Je mise en partie sur une monnaie locale qui permettrait aux plus défavorisés de régler leurs achats incognito, comme les autres. Que l'argent vienne du travail ou d'une aide municipale ne se verrait pas. Ce sujet de la monnaie locale n'est pas tranché, mais la mairie travaille dessus avec la ville de Dunkerque afin d'atteindre d'emblée une masse critique suffisante en nombre d'utilisateurs.

Nous ne serons pas les premiers et ce n'est pas une nouveauté puisque dès le XIXe siècle on pouvait voir des tentatives d'implantation ici et là. La première vraie expérimentation à l'échelle d'une ville est réalisée en 1932 à Wörgl, en Autriche. On est alors au cœur de la Grande Dépression et cette bourgade de 4 000 habitants croule sous 30 % de chômage et un fort taux d'endettement. Le maire tente l'émission d'une monnaie en faisant le pari qu'elle circulera plus rapidement que la monnaie nationale. Cela se confirme, et le commerce local redémarre, ce qui fait en retour flamber la production et baisser le chômage dans le district. Le tout sans hausse des prix. Malheureusement pour l'économie locale, la Banque centrale y voit une violation de ses prérogatives et met fin au dispositif.

Aujourd'hui les études montrent que partout où elle est employée la monnaie locale stimule les économies territoriales, parce qu'elle circule beaucoup plus vite qu'une monnaie nationale et encourage l'achat de produits locaux. Des économistes comme Jane Jacobs défendent son impact positif, qu'on observe en nombre de lieux, puisqu'il en circule déjà 2 500 de par le monde, dont plusieurs dizaines en France. J'ai hâte de pouvoir en tester une dans la ville, mais c'est un sujet qui se prépare au millimètre… et je dois refréner mon impatience.

En revanche, je viens d'échouer sur un point qui m'était cher et aurait pu être un pas important vers une plus grande dignité et un meilleur respect de mes concitoyens. J'ai milité au sein de la communauté urbaine pour le retour en régie publique de l'eau et pour la gratuité de 40 litres d'eau par personne par jour, une « eau vitale » incompressible – 40 litres, c'est très peu, cela permet de boire, de se laver, de cuisiner. Tout le monde devrait donc accéder gratuitement à ce minimum. La mise en place de cette gratuité serait liée à l'application d'un tarif plus élevé que celui que nous pratiquons aujourd'hui au-delà de ce seuil, et beaucoup plus encore pour celui qui remplit sa piscine, lave sa voiture ou arrose sa pelouse en permanence. La gestion de l'eau ne doit pas être confiée à des multinationales qui font d'énormes profits sur ce bien commun. J'ai proposé cette formule qui me semblait juste, mais une majorité des maires de la communauté de communes s'y est opposée… Alors je me suis plié, contraint et forcé, à l'avis de la majorité.

D'autres projets en revanche se mettent en place et je suis assez fier de celui élaboré pour l'électricité. Depuis que je suis élu, personne n'a subi de coupure d'énergie parce qu'il ne pouvait pas payer sa facture. Je ne fais pas d'angélisme : si nous nous trouvons face à un mauvais payeur, nous ne l'aidons pas ; en revanche, celui qui est dans le besoin, lui, est accompagné.

Nous adoptons exactement la même logique sur le paiement des loyers et je peux m'enorgueillir du fait que, depuis que j'ai pris la mairie il y a seize ans, personne n'ait été expulsé parce qu'il ne pouvait pas payer. Pour l'énergie comme pour les loyers, nous regardons les dossiers de très près. Lors de mon premier mandat, un élu communiste de l'opposition souhaitait que nous prenions un arrêté contre les expulsions locatives. J'ai refusé. D'abord parce qu'une interdiction globale ne relève pas de la Ville ; ensuite parce que les services doivent pouvoir étudier chaque cas avant d'agir. Si un locataire ne paye pas alors qu'il en a les moyens, c'est inadmissible. Et ça existe. J'appelle ces gens des profiteurs et nous ne les soutenons pas ! J'ai du personnel communal qui se fait expulser, donc je connais bien la situation. Si des gens préfèrent partir en vacances plutôt que payer leur loyer, c'est leur choix, mais auprès de nous c'est indéfendable. Pour les autres, nous avons mis en place une commission de recours ultime, c'est-à-dire que nous intervenons au niveau du centre communal d'action sociale (CCAS) et regardons la répartition de la charge de la dette. Si la personne est de bonne foi mais ne peut légitimement s'en sortir, le bailleur prend alors à sa charge une partie des sommes dues ; nous, mairie, en couvrons une autre, et la personne s'engage elle aussi à un apurement. Nous signons ensemble un contrat et cela fonctionne très bien en permettant de garder les gens chez eux, chauffés, éclairés. Ils bénéficient en plus d'un accompagnement s'ils n'ont pas assez de ressources pour acheter de la nourriture. Bref, je ne dis pas que le système est parfait, mais je ne conçois pas de mettre parents et enfants à la rue parce qu'ils manquent d'argent. Dans la sixième puissance mondiale, c'est inhumain et c'est en plus une aberration économique et sociale. Pour ensuite remettre en selle cette même famille qui aura dormi dehors, il faudra beaucoup plus d'aides publiques qu'il n'en faut pour la maintenir au chaud ; les dégâts sont immenses sur les adultes comme sur les jeunes.

C'est ce qui explique que Grande-Synthe n'ait pas de SDF. La seule idée que quelqu'un dorme dehors dans le froid nous est insupportable. Si un jour cela devait arriver, les services sociaux trouveraient immédiatement un hébergement pour cette personne. Vous imaginez, lorsqu'on applique un tel principe, combien il a été dur d'être freiné par l'État dans la construction du camp des réfugiés… « Gouverner c'est d'abord loger son peuple », disait l'abbé Pierre, et il avait tellement raison. Offrir des logements dignes fait partie des missions premières que les politiques doivent à leurs administrés. J'ai vécu toute mon enfance dans un logement social. Aujourd'hui, j'habite dans un appartement du parc privé à 200 mètres de la mairie. Je n'ai pas la folie des grandeurs, vivre dans 72 mètres carrés me va très bien, et j'ai envie que chacun se sente bien chez soi, même si ce n'est pas facile à mettre en œuvre dans une ville construite au cœur des années 1970, parce que l'immobilier de l'époque n'a pas toujours bien vieilli.

Un jour de 2015, j'ai pourtant vécu un de ces moments qui effacent tout le reste. Un de ces instants qui me font oublier qu'il a fallu quatorze ans pour rénover le quartier du Courghain. C'était tellement fort que la délégation à qui je faisais visiter la ville a pensé que c'était une mise en scène spécialement préparée pour communiquer sur notre travail. Imaginez plutôt… Nous arrivions à pied, quelques élus d'autres villes en visite et moi-même les guidant. À peine mettons-nous un pied sur la place de l'Abbé-Pierre, au plein cœur de ce quartier juste reconstruit, à peine ai-je commencé à expliquer l'histoire du lieu, que plusieurs habitants descendent de leur logement pour nous saluer. Dans le groupe, une femme que je ne connaissais que de vue se met face à moi, me salue et me dit d'un ton grave : « Monsieur le maire, grâce à vous je n'ai plus honte d'inviter ma famille chez moi. Merci. » Et elle s'en va, visiblement émue. La spontanéité et la force de ce témoignage m'ont laissé bouche bée. Mes visiteurs aussi. Je crois qu'après j'ai rigolé un peu pour détendre l'atmosphère et casser ce que ce moment avait de théâtral, de tragique au sens classique du terme. Les mots de cette femme ont eu un écho extraordinaire, parce qu'ils venaient du cœur. En creux, ils soulignaient aussi le sort terrible de celles et ceux qui n'osent pas inviter leur famille, leurs amis, parce qu'ils sont trop mal logés. On ne mesure pas toujours cet aspect des choses. La honte de ne pas avoir une pièce pour recevoir est lourde à porter. J'espère sincèrement que plus personne n'est dans cette situation dans ma ville. Et quand je me bagarre avec un bailleur, quand un dossier est plus compliqué que les autres, la petite musique de ces mots me revient, comme un guide pour continuer d'avancer.

Grande-Synthe raconte l'histoire du logement urbain de la seconde moitié du XXe siècle. Quand, en 1957, l'État choisit d'implanter là un pôle de la sidérurgie, il condamne le petit bourg de 1 500 âmes à changer de dimension et à accueillir très vite 6 000 logements. En 1972, la ZUP (zone à urbaniser en priorité) terminée et déjà remplie laisse place cette fois à une ZAC (zone d'aménagement concerté), qui voit le jour en 1974. Il faut alors faire sortir de terre 4 500 logements répartis sur trois quartiers. C'est à ce moment-là que 4 000 personnes s'installent au Courghain.

Le Courghain avait été l'objet de toutes les attentions à l'époque où il a été conçu. Ce nouveau quartier se voulait une expression de l'architecture moderne. Mon père avait travaillé avec les habitants, les avait emmenés aux Pays-Bas, afin qu'ils voient comment on pouvait jouer dans la ville avec l'eau des canaux, comment on pouvait créer une convivialité urbaine. Ce lieu ambitionnait de changer le vivre-ensemble. Et ça a plutôt bien fonctionné. Par contre, pour la place centrale du quartier, mon père a dû subir les choix de la société d'aménagement. On allait voir ce qu'on allait voir avec les immeubles trapézoïdaux de Jean Renaudie, futur grand prix d'architecture de Rome… En fait on a tellement bien vu qu'après deux décennies l'urbanisme sur dalle a entraîné un enfermement du centre du quartier sur lui-même. C'est très vite devenu un lieu d'insécurité où les business les moins licites ont pu s'épanouir tout à leur aise. Dans mon programme électoral de 2001 figurait déjà un projet de réhabilitation de la place du Courghain, alors, dès que l'occasion m'en a été donnée, j'ai interpellé le ministre de la Ville de l'époque, Jean-Louis Borloo, afin que le Courghain soit retenu dans le premier programme de l'ANRU, l'Agence nationale de rénovation urbaine. Les contraintes étaient énormes pour entrer dans ce plan et il m'a fallu presque un mandat pour être autorisé à détruire la place avec ses terrasses de Renaudie. Tout cela a encore pris beaucoup de temps ensuite et, finalement, les 250 ménages du quartier n'ont pendu les dernières crémaillères de leurs nouveaux logements qu'en 2013, soit douze ans après mon arrivée... Une éternité, certes, même si j'ai fait au plus vite, en me battant avec détermination.

Aujourd'hui je suis ravi de la métamorphose. Près de 200 logements collectifs, tous bâtiments basse consommation (BBC) et très haute performance énergétique (THPE), ont été construits là par plusieurs architectes, pour éviter une monotonie des lignes. Les appartements sont parfois des duplex, certains ont de grandes terrasses. Tous sont très lumineux. Une maison de quartier, un groupe scolaire sont réhabilités autour de la place de l'Abbé-Pierre à côté de commerces qui ouvrent à nouveau. Je suis d'ailleurs très fier qu'on ait une place baptisée Abbé-Pierre. Avant de prêter son nom, la Fondation fait une enquête sur la politique sociale menée par la ville. Selon ses conclusions, elle accorde ou non le droit d'utiliser ce qui est une sorte de label. Et ça n'est pas définitif. Si notre politique change, elle peut retirer ce droit d'usage. La nièce de l'abbé Pierre est venue pour l'inauguration. Il y avait aussi des gens de la Fondation qui étaient épatés que nous ayons 64 % de logements sociaux dans la ville. Dans le fond, c'est aussi un hommage à mon père qui avait reçu l'abbé Pierre à l'aube des années 1990, c'était sa référence en termes de respect de la dignité de chacun.

Comme mon père avait initié le mouvement, j'ai continué et même accentué l'implication des habitants dans la définition du projet de leur lieu de vie. Pour la rénovation, la première réunion avec eux a eu lieu en juillet 2001. Il s'agissait de leur dire qu'on allait travailler sur cette place et que ce dossier serait prioritaire. Nous leur avons ensuite proposé trois scénarios : un de base où on touchait à la marge à l'architecture du lieu, un intermédiaire, et un troisième où on démolissait tout pour reconstruire complètement. J'ai présenté les trois devant quelque 150 personnes en défendant le troisième, le plus ambitieux, le plus cher, puisqu'il coûtait 68 millions d'euros. Les gens ont pris peur quant aux impôts locaux, mais je les ai rassurés en leur disant qu'on irait chercher des subventions, que le coût ne serait pas important pour la ville et qu'il n'y aurait aucun impact sur leurs impôts. Ce qui s'est confirmé puisqu'au final le quartier ne nous a coûté que 5 millions. Mais ce jour-là, j'ai surtout insisté sur le fait qu'il fallait faire table rase du passé pour en finir définitivement avec les dysfonctionnements, les trafics et l'insécurité. Il y a eu une exposition permanente dans la maison de quartier, les habitants ont amendé le projet, nous l'avons retravaillé ensemble mais ils m'ont fait confiance ; et c'est pour cela que la phrase de cette résidente est aussi importante pour moi.

Tous les habitants de la ville ont droit à cette même dignité. Aujourd'hui il y a encore quelques tours qui ont mal vieilli. Nous venons de les faire passer dans un programme de rénovation. L'une va être rapidement démolie, il y a consensus sur le sujet. Une autre sera réhabilitée. Restent deux tours que je souhaite aussi voir disparaître rapidement. Le lieu où chacun vit est tellement important qu'il ne faut pas faire de compromis là-dessus.

Surtout que j'ai 2 500 demandes de logements en attente, dont 50 % de gens domiciliés ailleurs qui veulent venir ici et 50 % qui me demandent à déménager d'un endroit à un autre en ville. L'attractivité de la ville est un point crucial pour moi car la population de Grande-Synthe est montée à 26 000 habitants au plus haut, en 1982. En 2008 nous sommes retombés à 21 000 habitants. Là, la courbe est en train de remonter. J'aimerais que nous parvenions au moins à 24 000 habitants parce que mes services, les structures, les équipements sont dimensionnés pour 26 000 habitants. Ce serait une meilleure optimisation. Mais je ne cours pas non plus après cette évolution démographique. À l'approche quantitative, je préfère le qualitatif.

4

Une ville grandeur nature

J'ai beau être maire d'une ville industrielle, aimer chaque recoin de rue, chaque bâtiment, certains jours, seuls le parfum de l'herbe, le bruissement des feuillages et l'odeur des sous-bois me parlent, me permettent de réfléchir ou de prendre une décision.

Quand je me balade au Puythouck, notre réserve naturelle régionale, j'ai toujours une pensée pour cette matinée particulière de septembre 2008. Imaginez : je suis réélu au printemps de cette année-là et voilà qu'un opposant dépose un recours en justice pour contester les résultats du scrutin.

Le matin de l'audience, j'appelle Laurent Pidoux, qui est mon directeur de cabinet après avoir été mon directeur de campagne. Nous avions décidé tous deux de ne pas nous rendre au tribunal et de laisser l'avocat faire le nécessaire. Comme ni lui ni moi n'avons le cœur de nous retrouver dans nos bureaux, nous nous donnons rendez-vous face au lac du Puythouck pour attendre le jugement.

Là, nous enchaînons les tours de ce plan d'eau où tant de Grand-Synthois aiment se promener. Nous faisons en marchant ce même parcours que nous avons fait des milliers de fois en courant. Mais c'est du passé. Les années et les blessures aux articulations ont fini par nous dicter leur loi… Alors, pour tuer le temps, nous enchaînons avec une promenade dans le bois planté par mon père. Nos pas résonnent. Nous parlons d'autre chose, sommes attentifs à la nature. Une feuille qui jaunit avant les autres, un champignon qu'on ne connaît pas… La beauté du paysage nous apporte un peu de réconfort, presque du bien-être, comme ce lieu a su en apporter à mon père dans les derniers temps de sa vie. Souvent, je l'amenais là. Au début il marchait seul, puis à la fin de sa vie, sous oxygène, il ne pouvait plus s'y balader mais parlait encore de ce morceau de nature dans la ville. Il en était si fier. Tous ces souvenirs sont importants pour moi. Ils m'ont accompagné dans l'attente du coup de fil de l'avocat.

Enfin le téléphone a sonné… Quand on a su que le résultat des élections était confirmé, on s'est regardés et on a rigolé. Je sais exactement à quel endroit du bois nous étions, face à quels arbres. La nature a conservé la mémoire de ce grand éclat de rire ; il est gravé à jamais dans ce lieu. Il faut du vert dans une ville pour supporter les moments difficiles ; ça aide à franchir les caps car le temps ne s'écoule pas à l'ombre d'un arbre de la même manière que sur une dalle de béton.

Je pense qu'on nous a bercés d'illusions, que la ville du XXIe siècle ne sera pas un ensemble de gratte-ciel de verre et de béton. Notre monde n'est pas un album de science-fiction en train de s'écrire. La ville du début du troisième millénaire sera verte et agricole. Pour en avoir la preuve, il suffit d'ouvrir les yeux. Alors qu'hier l'urbain grignotait les campagnes, aujourd'hui le vert s'invite en ville ; je dirais même qu'il l'investit peu à peu. En tout cas chez moi.

Grande-Synthe est une ville du futur parce que c'est une ville-campagne, à hauteur d'homme. On la croit industrielle, mais derrière ces usines il y a du vert qui ne demande qu'à s'imposer davantage, et va le faire. La production agricole, les animaux de la ferme, les bois, les jardins et les vergers s'y font tranquillement leur place. Nous avons besoin de cet ancrage pour rester humains, et c'est parfait puisque l'agriculture fait partie de notre projet de transition. Voilà la double raison pour laquelle je verdis ma ville depuis seize ans. Et pas seulement avec des bacs de fleurs et des parterres devant la mairie. Mon projet est beaucoup plus ambitieux puisqu'il veut créer un équilibre entre le rural et l'urbain, prouver qu'on peut en finir avec cette opposition d'un autre âge.

Quand mon père est devenu maire de la ville, en 1971, il a d'emblée voulu corriger la minéralité du lieu. Pour avoir grandi en Lorraine, il aimait le vert éternel des sapins, les feuilles des chênes, des hêtres ou des noyers, et il a tout de suite planté beaucoup. Près d'un demi-siècle plus tard, le résultat est probant. La ville est redevenue végétale et renoue avec son histoire rurale.

Déjà chaque habitant dispose de 127 mètres carrés d'espaces verts, et se trouve à moins de 300 mètres d'un parc ou un jardin. Nous sommes au niveau de Stockholm pour cet indicateur, c'est une de mes fiertés, quand la ville de Lille – que par ailleurs j'apprécie – n'est qu'à 12 mètres carrés de verdure par habitant. En plus de ces zones naturelles en cœur de ville, mon père avait planté un mur végétal pour faire écran au paysage d'usines et de cheminées qui à son goût s'invitait un peu trop dans nos vies quotidiennes. Et puis cet amoureux des forêts vosgiennes a su imaginer un pôle régénérant pour ses concitoyens ; c'est comme ça qu'est né le Puythouck.

Puythouck, cela signifie « mare à grenouilles » en flamand. C'est un poumon vert de 130 hectares en limite de la commune, avec son lac, son bois et quelque chose dont je suis particulièrement fier : un verger pédagogique de plus de 34 hectares.

Là, 160 variétés de fruits du verger attendent toute l'année les habitants pour la promenade ou la cueillette. L'hiver est le moment des fruits secs, noix ou noisettes ; l'automne, celui des pommes et des poires. Nous avons travaillé avec le centre régional de ressources génétiques du Nord-Pas-de-Calais pour réimplanter des variétés locales qui ne sont pas toutes mûres au même moment. Les paysans autrefois étaient attentifs à cet échelonnement qui leur permettait de manger des fruits toute l'année, ici nous le sommes aussi. Imaginez que certains cerisiers du Boulonnais produisent des fruits juste avant Noël...

Ce lieu est le camp de base de nos éco-guides. Chaque mois ils organisent un week-end nature, offrant une journée de formation sur les papillons, les champignons... Ils expliquent comment faire une bouture, une greffe. C'est vraiment de la pédagogie de la nature. Cela existe depuis une quinzaine d'années et le succès n'est jamais démenti. Beaucoup de familles viennent parce qu'elles ont envie de cette culture qui leur manque, et ressentent le besoin que leurs enfants disposent eux aussi de ces savoirs et savoirs-faire que l'Éducation nationale n'intègre pas dans ses programmes. Les centres aérés viennent le mercredi car tous ces apprentissages essentiels peuvent en plus être ludiques. Parfois, on voit des parents rejoindre leurs enfants pour faire ensemble un brin de cueillette de fruits biologiques. Ici comme ailleurs dans la ville, il suffit de tendre le bras pour cueillir et goûter. Nos vergers sont faits pour ça. Depuis mon élection, j'ai élargi le dispositif en faisant remplacer une bonne partie des arbres plantés par mon père dans les années 1980 par des fruitiers.

Au-delà de ce seul verger, le territoire de Grande-Synthe tout entier se veut un immense parc à fruits. Tous nos espaces verts sont ouverts à la cueillette. Chacun peut y remplir son panier de pommes, poires, mûres, groseilles, coings ou châtaignes. Dans une ville où le revenu mensuel moyen est inférieur à 1 000 euros, ces produits frais sont rares sur les tables, alors c'est un vrai complément que nous apportons à ceux qui veulent s'en saisir.

Au fil des ans se dessine un véritable engouement pour cette pratique ouverte. Récemment, une habitante, qui après des années de travail comme cuisinière en collectivité s'est retrouvée au chômage puis au RSA, seule avec ses enfants, est venue nous demander un terrain pour planter une « forêt comestible ». Dans un premier temps, cette femme a profité des vergers de la ville, ensuite elle s'est renseignée sur les variétés qui pousseraient le mieux sur les terres de la commune et, une fois prête, elle a franchi notre porte avec l'idée de monter une association. C'est formidable cette envie d'inventer, d'oublier le quotidien du RSA et tous les soucis personnels que cela engendre, pour se lancer dans une aventure. Nous lui avons très vite trouvé les 2 000 mètres carrés dont elle rêvait, l'avons aidée à monter son association, et cet hiver elle a commencé à planter.

La mairie fait en effet le pari qu'en goûtant les pommes et les poires qui correspondent au terroir, cultivées sans aucun traitement chimique, les gens font très vite la différence avec les produits qu'ils trouvent dans la grande distribution. Une fois reconnues les qualités gustatives d'un produit bio cueilli à maturité, ils auront envie de poursuivre l'expérience, d'aller plus loin. C'est une petite révolution que nous mettons en marche. La demande existe et nous avons ouvert en 2010 une université populaire qui épaule pour le jardinage, la cueillette et la préparation des produits de la terre.

Son siège est installé dans une maison écologique ouverte sur une terrasse et un jardin. Là, les Grand-Synthois et les habitants de l'agglomération ont accès à un centre de formation au compostage, ainsi qu'à une grainothèque avec plus de 170 variétés. L'université populaire a initié les premières réflexions de la ville sur les politiques alimentaires, avec des producteurs bio, le personnel du service de la commande publique de la mairie, des habitants et des associations. C'est là qu'est née la centrale d'achats de produits biologiques. Des habitants se sont en effet regroupés pour acheter ensemble leurs légumes sans engrais ni pesticides, auprès de producteurs de la région. Ils estiment que cela correspond mieux à leurs besoins que l'AMAP (Association pour le maintien d'une agriculture paysanne) parce qu'ils choisissent ce qu'ils souhaitent chaque semaine et cherchent ensuite les producteurs auprès desquels ils peuvent obtenir les produits de leur liste, alors qu'avec l'AMAP le panier est imposé par le producteur. Pour celles et ceux qui souhaitent passer par une AMAP, il y en a quand même deux dans la ville, qui ont d'ailleurs été les premières du

Dunkerquois. Les deux formules ont leurs adeptes, mais comme tout le monde n'a pas les moyens de s'offrir ces produits frais, nous aidons aussi les Grand-Synthois à cultiver leurs propres légumes.

La mairie essaie d'impulser une production personnelle et autonome, et plusieurs formules sont au choix, afin que chacun trouve celle qui lui correspond. D'abord, Grande-Synthe propose de longue date les très classiques jardins ouvriers. Apparus dans les années 1960, ils sont au départ destinés à notre population ouvrière, nombreuse dans la ville, afin de lui offrir un lopin pour ses légumes et ses fleurs. La ville en gère 600 en limite de son territoire. Les services municipaux créent sur place un local à outillage et prennent en charge l'arrosage. Certaines familles y cultivent tous les légumes qu'elles mangent au fil des mois. Mais la formule est contraignante et le jardin ouvrier peut ne pas convenir à celui qui ne souhaite pas se déplacer en périphérie, ou simplement qui trouve la superficie à gérer trop ambitieuse pour lui.

Pour ceux qui doivent d'abord être sensibilisés au sujet, l'opération « Grande-Synthe, un immense potager » a été renouvelée pour la deuxième année consécutive en 2016. Il s'agit de la plantation de pieds de rhubarbe dans un parc, de topinambours dans un autre et de potirons ou de blettes encore ailleurs. C'est un préalable pour certains à un engagement plus fort dans la culture, presque un passage obligé pour dédramatiser la plantation… Nous faisons cela ensemble, sous l'œil des jardiniers de la Ville, et cela permet de s'informer en même temps sur les légumes qui peuvent pousser ici.

Enfin, il existe une formule intermédiaire, un carré à cultiver à mi-chemin entre le jardin ouvrier et la simple initiation. En mai 2012, l'université populaire a commencé à proposer à des locataires d'appartements de transformer les pelouses sans âme des bas de HLM en potagers partagés. Les familles avaient le choix entre des parcelles de 20 ou de 40 mètres carrés et les services techniques se sont là encore rendus disponibles pour des conseils techniques et pour offrir l'alimentation en eau grâce à des systèmes de récupération des eaux pluviales. L'engouement a été tel que deux autres jardins ont vu le jour en quelques mois, et aujourd'hui plus de 120 familles ont leur petit parterre. Cela plaît tellement que les bailleurs commencent à proposer des projets de construction de logements avec jardins partagés. Et bien souvent, lorsqu'on nous demande de changer de logement social, le souhait de disposer d'un jardinet est noté dans les fiches remplies à la mairie. C'est devenu important pour les familles.

Nous avons créé le premier jardin partagé dans le quartier de l'Albeck. Quand les animateurs de l'université populaire ont frappé aux portes pour faire cette proposition, 30 % des habitants de la première résidence ont d'emblée été intéressés, ce qui n'est pas si mal. Nous pensions que ce serait un plafond, avant que 50 % du deuxième bâtiment ne déclarent vouloir eux aussi se lancer. Maintenant, ce sont les habitants qui viennent nous solliciter. Nous imposons pour toute condition que ce soit une culture sans produits phytosanitaires et les accompagnons en leur montrant quel mélange pulvériser pour éviter les limaces et les autres nuisibles. La ville a déjà ouvert quatre jardins partagés, et très vite nous en aurons deux de plus.

C'est drôle comme cela change l'ambiance d'un quartier… J'aime beaucoup passer entre les immeubles du centre-ville, qui disposent de ces beaux espaces de culture commune. Chaque fois, je rencontre des jardiniers passionnés. La dernière fois que je m'y suis promené, un homme que je connais de vue, ancien ouvrier d'Arcelor avec qui j'échange souvent dans la ville parce qu'il passe beaucoup de temps à se promener, m'a interpellé. Il trouvait que le traitement biologique préparé contre les pucerons des choux par Julian, notre responsable de l'université populaire, n'était pas très efficace. Ce monsieur avait observé qu'en augmentant la dose de savon noir il venait plus aisément à bout des parasites. Je n'ai pas vraiment su lui répondre, mais j'aime ce contact, ces échanges, et je trouve que le jardinage est une bonne entrée en matière qui met du liant dans la ville, plus facile à manier que les sujets politiques, plus constructif que la pluie et le beau temps.

Nous essayons d'aider les Grand-Synthois tout au long de cette aventure en proposant un cercle complet qui va du don des graines jusqu'au compostage des déchets végétaux. L'université populaire est le lieu ressource. Elle travaille avec le réseau Semences paysannes ou l'association Kokopelli, qui œuvrent pour la protection de la biodiversité alimentaire. Les gens viennent y prendre gratuitement des graines et doivent rendre quelque chose en échange. Soit ils rapportent des graines de leurs récoltes, soit ils offrent un peu de leur temps. C'est une démarche très libre, mais l'esprit de partage et de mutualisation doit rester présent. En général, les jardiniers adhèrent au système, d'autant que l'université populaire est remarquablement fournie. Je me suis laissé plus d'une fois surprendre en ouvrant le réfrigérateur pour y chercher un peu d'eau fraîche… Ici c'est mission impossible car le réfrigérateur comme la cave à vin du premier étage sont bourrés de sacs de graines sur tous les rayonnages. Ce sont paraît-il les meilleures température et hygrométrie pour la conservation des graines d'une année sur l'autre... Les sacs en papier kraft occupent tout l'espace avec leurs étiquettes précisant le nom et la date de la récolte. Comme la pratique remonte à 2010, nous avons acclimaté à Grande-Synthe des variétés du Maghreb auxquelles les gens tiennent. Des familles d'origine marocaine nous ont rapporté des graines issues de leurs villages là-bas et qui au fil des ans se sont adaptées au climat d'ici, produisant désormais de belles récoltes de poivrons et d'aubergines typiques des rives sud de la Méditerranée. Des produits qu'on imaginait sous d'autres latitudes mais que certaines familles sont heureuses et fières de cultiver là. C'est comme un pan de leur culture traditionnelle auquel elles redonnent vie chaque printemps.

Pour boucler la boucle, les maisons de quartier proposent des ateliers de cuisine afin de montrer la variété de recettes qui peuvent être concoctées à partir de légumes frais. Il faut aider les habitants à retrouver les gestes oubliés ; c'est là encore notre rôle, sinon personne ne le fera. Trop souvent, le précuisiné, le « juste à réchauffer » prévaut. Il faut casser ces réflexes pour retrouver des modes de vie plus proches de la nature et permettre aux gens de manger mieux. Sous prétexte de modernité, on a fait un trait sur les savoir-faire de nos parents et de nos grands-parents. La Ville l'a observé avec les cognassiers. Leurs fruits pourrissaient sur place avant que nous n'enseignions que les coings se cuisent et que nous ne proposions des ateliers pratiques pour utiliser ce fruit en gelée ou en accompagnement sucré-salé d'un plat principal.

Nous profitons que les cours de cuisine soient à la mode depuis que les émissions de télé ont popularisé et remis au goût du jour le geste de l'épluchage, pour nous engouffrer dans la brèche. Et même s'il reste un long chemin à parcourir, nous avançons. Récemment, j'ai été ému par une fillette qui observait sa mère en train d'éplucher des carottes. Elle était immobile, presque bouche bée. Quand je lui ai demandé pourquoi elle regardait ainsi sa maman, elle m'a expliqué se réjouir de la voir pour la première fois faire ce geste. C'est aussi cela, la réalité de nos vies urbaines.

J'ai été témoin de cette scène lors de la première édition de la Fête paysanne que nous avons organisée le 25 septembre 2016, pour valoriser les produits de la terre et l'agriculture paysanne, aux antipodes de l'agriculture industrielle qui nous intoxique et pollue notre environnement. Nous avions depuis six ans la Fête du monde ouvrier le 1er mai ; en tant que ville ouvrière, c'était normal, mais il m'a semblé important de créer aussi un moment de mise en avant du monde paysan. Nous avons besoin d'eux pour nourrir sainement les populations et pour changer l'image de nos villes. C'est une de nos missions. Si nous échouons, ce sera une catastrophe pour les générations à venir.

Lorsque nous demanderons aux adultes de demain les plats de leur enfance, ceux que leurs parents cuisinaient le mieux, j'aimerais qu'ils aient des réponses et nous parlent d'autre chose que des cordons-bleus surgelés. Le fait maison, cuisiné avec des légumes du jardin, est constitutif de notre patrimoine, de notre identité familiale. C'est ce qui nous préserve de la malbouffe. C'est important. Je suis né en 1960 et les gens de ma génération peuvent tous citer deux ou trois plats dans la confection desquels leur mère excellait. Je pourrais vous raconter en détail les pommes de terre rôties que la mienne préparait dans un faitout avec un fond d'huile. Elles étaient grillées d'abord et cuisaient ensuite en douceur pour conserver tout leur moelleux intérieur. Ce n'était pas de la frite ni de la pomme de terre à la poêle, c'était à mi-chemin entre les deux. C'est une de mes madeleines. Mes frères et moi en mangions des quantités incroyables... Je pourrais ajouter la choucroute. Bien que ce soit une spécialité de sa région natale, en bonne cuisinière, ma mère avait ajouté des variantes qui n'étaient qu'à elle. Aucun restaurant ne m'en a jamais servi une à la hauteur de la sienne.

Ma mère est née à Nancy. Sa culture locale, son rapport au territoire où elle est née se ressentait dans sa cuisine, et nous nous battions toujours pour finir les plats parce que tout ce qu'elle faisait était délicieux, même si elle devait en même temps surveiller le budget du ménage, tenir l'appartement propre, repriser les vêtements et cuisiner midi et soir pour six enfants et deux adultes. Est délicieux ce qui est authentique et pas forcément ce qui est sophistiqué. Je veux que les enfants de Grande-Synthe puissent dire la même chose demain, avec d'autres recettes, mais avec des légumes biologiques et frais.

Dans ce même esprit, qui consiste à retisser un lien entre l'urbain et son territoire, nous tentons de redonner place à l'animal en ville. Depuis quelques années des paysans des environs viennent faire paître leurs troupeaux sur nos grands espaces verts. Cela ne nous a coûté que le prix de l'installation de clôtures et d'abreuvoirs... et encore, je me suis fait financer à 80 % par la région. Aujourd'hui, donc, des moutons boulonnais, d'Ouessant et du Shropshire désherbent nos prairies urbaines en se régalant tout l'été. Ils entretiennent au moins dix hectares de zone verte à la belle saison. Des vaches de race rouge flamande régénèrent elles aussi nos terrains. Cela nous a permis de redéployer ailleurs les jardiniers qui devaient entretenir ces vastes espaces et a autorisé la biodiversité à se réinstaller plus tranquillement. Sans compter qu'en agissant ainsi, nous donnons un coup de main aux éleveurs qui nourrissent leurs animaux tout l'été gratuitement. Il y a donc quatre gagnants dans la formule : les paysans, nous, leurs animaux qui sont des races régionales en voie de disparition et les habitants de la ville.

Là encore, les vertus éducatives de la fréquentation des animaux ne sont pas négligeables. Si l'on veut que les enfants deviennent des adultes respectueux de la vie animale, c'est même un passage obligé. Et si tous ne sont pas sensibles aux charmes de la vache ou du mouton, rassurez-vous, nous avons ajouté à notre cheptel un des animaux qui suscite le plus de sympathie : le cheval.

Depuis des années je souhaitais réintroduire les chevaux dans la ville pour ralentir le rythme des voitures, freiner la vie urbaine. On ne klaxonne pas un cheval qui va à son pas devant soi sur la route… Là encore je n'ai rien inventé. D'autres villes le font déjà, même si souvent elles sous-traitent des services de ramassage des déchets par ce moyen. Moi, je souhaitais que nous acquérions des chevaux municipaux, pour valoriser une race locale, le trait du Nord, et pour qu'ils aient une véritable interaction avec les habitants. Je voudrais que le jeudi matin, jour du marché en centre-ville, les gens garent leur voiture au Palais du Littoral, à quelques centaines de mètres, et soient amenés près de la mairie en hippomobile. Nous avons déjà acheté l'hippomobile, qui peut contenir jusqu'à vingt personnes. Cela diminuera la circulation dans le centre et donnera un autre tempo à cette matinée.

Athos et Brigand, des traits du Nord, devraient assurer ces missions, même si nous avons un souci avec l'un d'eux, victime d'une maladie des os, qui s'appelle la « patte à jus », une pathologie fréquente chez cette race. Il va falloir trouver une solution car à Grande-Synthe on ne les a pas acquis seulement pour l'apparat, mais bien pour transporter aussi du fumier dans les jardins familiaux, déplacer les troncs des arbres abattus et assurer la sortie des écoles. Cela se fera car le contact avec les chevaux est important pour les enfants qui grandissent ici et n'ont pas forcément accès aux animaux de la ferme. Bien sûr, les plus privilégiés en voient lorsqu'ils passent un week-end à la campagne, mais ce n'est pas le cas de la majorité. Au souvenir du plaisir que j'éprouvais, enfant, à traîner à la ferme près de laquelle nous campions l'été, je me dis que nous nous devons d'offrir cela aux enfants aujourd'hui encore, même si leur monde n'est plus le nôtre.

Bien que vivant avec un seul salaire d'ouvrier, mes parents ont toujours réussi à nous emmener en vacances. Nous passions même deux mois à la campagne, nous les six enfants. Mon père, lui, retournait à l'usine au bout de trois semaines et ma mère restait auprès de nous. On adorait se retrouver tous ensemble. On bricolait avec mon père quand il était là, mais on aimait aussi être seuls avec ma mère. Elle retrouvait une copine qu'elle avait connue lorsque nous habitions dans la région parisienne et, elle que toute l'année nous voyions affairée avec ses pinces à linge, ses balais, ses aiguilles à repriser nos vêtements ou ses ustensiles de cuisine, disposait là d'un peu de temps pour penser à elle, pour souffler. Le soir parfois, on voyait même une bouteille de vin rosé sur la table, quand sa copine dînait là, et on la découvrait plus rieuse que d'ordinaire. Dans mes souvenirs d'enfance c'est resté un des effets les plus bénéfiques de l'air de la campagne.

C'était épique de descendre dans le Sud. On partait de Grande-Synthe dans une 403 bourrée à bloc, la caravane derrière. On restait sages mes frères, ma sœur et moi, au moins pendant les premiers kilomètres, mais après, c'était la fête ! Là où on allait, il n'y avait rien, donc on dormait sous la tente et mes parents en caravane. Ils avaient acheté un petit terrain nu, sans eau, sans rien. Ils ont ensuite construit un garage pour la caravane, afin qu'on n'ait plus à la traîner jusque-là chaque été. Mon père bricolait tout le temps. Il avait installé la plomberie, le chauffage, et bien plus tardivement il a amené l'électricité dans le garage. Avant, on vivait sans, au rythme du soleil. Pour ne pas être trop coupés du monde, on écoutait une radio qui fonctionnait à piles. Après, on a acheté une petite télévision qu'on branchait sur une batterie. La journée, on la portait à recharger chez le fermier en contrebas, et le soir on avait juste assez d'énergie pour la durée du film. Cela rythmait nos soirées. Mes parents avaient comme projet de construire une petite maison là, petit à petit, qui serait prête pour leurs vieux jours. En fait, ils ont revendu le terrain en 1995, avant qu'ils ne repartent de Grande-Synthe vers la Lorraine.

Une fois que mon père était retourné au travail, ma mère nous amenait parfois à 5 heures du matin dans un petit coin magique, où nous restions toute la journée à pêcher dans la rivière. C'était une eau assez vive dans laquelle nous entrions avec un tamis, en soulevant les cailloux dans le sens du courant, nous capturions ce qu'ils appelaient des « cuques », une sorte de mini crevette d'eau douce que nous accrochions à nos hameçons pour appâter.

En général ça mordait bien et, le soir, nos seaux étaient remplis. Mais comme ma mère, en bonne Lorraine, ne préparait pas le poisson, on le donnait aux fermiers voisins, un couple de vieilles personnes adorables, avec leur chien et leurs trois vaches. Ils travaillaient comme des fous dans leurs champs, du matin au soir, et lorsqu'on leur apportait les poissons, ils faisaient un véritable festin. J'ai encore dans les narines le souvenir de la terre chaude le soir quand on passait chez eux en rentrant. C'est tout cela qui construit un rapport à la nature et fait qu'après on la respecte. Ce sont des moments fondateurs dans une enfance. Et c'est notre rôle, à nous élus, de permettre aux générations qui nous suivent de construire ce même lien. Cette relation à la terre, ses plantes et ses animaux, a au moins autant échafaudé ma conscience écologique que mes lectures. J'aimerais que, même s'ils grandissent en ville et même si le budget de leurs parents ne leur permet pas de penser aux vacances ou aux week-ends à la campagne, les enfants de Grande-Synthe bénéficient d'expériences comme les miennes.

Le Puythouck a été pensé dans ce but. Sur cet espace de 130 hectares avec son bois et son lac, nous installons désormais chaque été des jeux et des transats, afin que les familles qui ne partent pas puissent au moins changer de cadre et bénéficier du calme du lieu. On aurait pu appeler l'opération Grande-Synthe Plage, mais cela aurait prêté à confusion car la mer est toute proche et dans le lac la baignade n'est pas autorisée. Dans le bois, en revanche, on peut se perdre comme dans un bois naturel. Les arbres y sont denses, les essences mélangées. C'est fou, car il y a un demi-siècle la nature n'avait aucun droit sur cette zone. Quand je suis venu les premières fois ici, enfant, il n'y avait rien, et désormais, on a l'impression de se balader dans une forêt naturelle.

La création de ce lieu a été l'œuvre de toute la population. Les arbres ont été plantés par les ouvriers municipaux, certes, mais le chantier était tellement gigantesque que les écoliers de la ville ont été appelés à la rescousse. C'était en 1971-1972 et aujourd'hui encore certains adultes se souviennent de ce geste à la fois symbolique et pragmatique auquel ils ont contribué. J'aime lorsqu'ils me racontent les coups de pioche dans le sol dur… Au bout de quarante-cinq ans, le résultat est assez fantastique mais eux n'ont pas oublié la goutte de sueur au front, et ils la racontent à leurs enfants. Ce lieu a aussi le mérite de replacer la politique, trop happée par le court-termisme, dans ce qui est le véritable temps de l'action. Cela fait du bien, et chaque fois que je m'y balade, cela m'éloigne un peu plus des « petites phrases » qui font le quotidien du brouhaha médiatique. Les hommes politiques ont un vrai pouvoir de changer la face de leur petit monde, s'ils s'en donnent la peine et s'ils pensent plus loin que la fin de leur mandat.

Le Puythouck est si riche que nous avons récemment obtenu son inscription en réserve naturelle régionale. J'avais demandé ce classement il y a quatre ans, il a été agréé l'année dernière à l'issue d'un long processus. De nombreux comités scientifiques se sont réunis pour vérifier que la zone présentait une valeur pour les naturalistes, pour l'écologie. Des études fines ont été menées sur la faune, la flore. Avec 600 taxons de plantes répertoriées et validées par le Conservatoire botanique national, avec plus de 100 champignons différents, 70 espèces d'oiseaux nicheurs, 12 de libellules et 5 d'amphibiens, la réponse a été positive.

Les scientifiques ont été particulièrement sensibles à la présence de crapauds calamites, de gorges-bleues à miroir, de chouettes chevêches, et à une espèce de chauve-souris, le murin des marais, qui avait complètement disparu de la région Nord-Pas-de-Calais avant que des couples ne se réinstallent ici. C'est quand même formidable de voir qu'on peut avec un peu de volonté recréer des espaces accueillants pour les animaux, surtout aussi près des hauts-fourneaux. Bien sûr, ça oblige à quelques concessions que les chasseurs n'apprécient pas forcément, mais la protection des espèces relève pour moi de l'intérêt supérieur.

La Ville fait en sorte que jamais les constructions n'entravent la circulation des espèces animales. Nous avons sanctuarisé un corridor de migration d'importance paneuropéenne, qui traverse la ville. Et ce qui est vrai pour les espèces animales l'est pour les végétaux. Je souhaitais qu'un restaurant voie le jour près du Palais du Littoral parce que l'endroit est beau et qu'il pouvait être agréable aux spectateurs de se restaurer là en sortant d'un concert ou d'une pièce de théâtre. Mais lorsque les services des espaces verts en ont entendu parler, ils m'ont montré la photo d'une orchidée sauvage rare qui pousse là, un peu cachée dans la terre sableuse, ce qui m'a aussitôt fait ranger mon idée et nous avons laissé la dune tranquille. En tant que maires, nous sommes aussi les garants de la biodiversité de nos territoires, surtout dans ce pays où une espèce végétale sur cinq est menacée.

Compte tenu de tous ces efforts, je suis heureux que nous ayons obtenu le titre de capitale française de la biodiversité, décerné par Natureparif, lors de son premier concours en 2010. Grâce à ce prix, Grande-Synthe a même représenté la France au Japon lors de la Conférence mondiale sur la biodiversité de Nagoya cette année-là.

Grande-Synthe accumule les récompenses pour son côté nature. Nous avons été décorés de la Fleur d'or dans le cadre du prix national du fleurissement des villes, une récompense valable six ans parce que nous sommes dans les plus haut classés. Ce prix n'est pas seulement une récompense pour les petites fleurs de la ville mais s'intéresse à des sujets fondamentaux comme la présence d'espèces locales, la gestion écologique et le rapport à la biodiversité. Je rends hommage aux services et aux techniciens, qui ont fait un travail extraordinaire dans l'espace urbain, mais en plus se sont investis dans les comités d'organisation, qu'ils ont beaucoup fait progresser sur l'évaluation même des villes fleuries.

Ces gens ont vu leur métier se transformer au fil des ans. Quand ils ont commencé à travailler là, ils avaient appris à manier le Roundup avec dextérité. Depuis vingt ans ils n'utilisent plus de produits phytosanitaires en ville et depuis cinq ans ils les ont même abandonnés pour l'entretien du cimetière et des terrains de foot. J'aime cette attitude proactive, mais je sais que cela les a obligés à se remettre en question et réinventer totalement leur travail.

Aujourd'hui nous excluons de nos vergers et des alentours les végétaux qui hébergent des maladies ou des ravageurs de la culture. Ainsi l'aubépine, si agréable soit-elle, est proscrite car elle est sensible au feu bactérien, maladie du poirier... À l'opposé, nous implantons des espèces qui hébergent et nourrissent une faune auxiliaire, comme le noisetier ou le sureau, tous deux hôtes d'un puceron qui leur est propre et est très actif dans les vergers. De même, nous plantons des essences à fleurs qui offrent de la nourriture aux insectes. Ce ne sont là que quelques exemples du savoir-faire développé au fil des ans par nos équipes municipales. Le désherbage est redevenu mécanique, l'emploi de la binette a recommencé et contre l'herbe nous utilisons des plantes couvre-sol ou du paillage. Cela veut évidemment dire qu'il faut aussi éduquer l'œil du citoyen à supporter quelques allées un peu vertes. Mais apprendre à penser autrement fait partie de la mutation.

5

Une ville en transition

Un beau matin, la ville se réveillera sans ses hauts-fourneaux. Je ne les regretterai pas, même si Grande-Synthe entretient une relation ambiguë avec ses industries. Leur arrivée a tué le village maraîcher pour en faire une ville ouvrière. Une dizaine de milliers d'emplois ont été créés dans un premier temps, et cela nous apporte des moyens que nous n'aurions pas sans elles, certes, mais en générant une immense pollution visuelle et aérienne, en nous volant l'accès à la mer… Usinor (aujourd'hui passée aux mains d'Arcelor et du géant indien Mittal), qui avait ouvert avec quelque 1 500 salariés, est montée à plus de 11 000 avec une centaine d'embauches par semaine dans les années 1970, avant de retomber à moins de 3 000 aujourd'hui. Et moins encore demain.

Quand l'usine embauchait à tour de bras, la population de Grande-Synthe a littéralement explosé. C'est à ce moment-là que ma famille y a emménagé. Et quand l'entreprise a atteint sa taille critique, la centrale nucléaire de Gravelines a pris le relais des signatures de contrats. C'est la plus importante d'Europe de l'Ouest, avec près de 2 000 salariés sur un site de 150 hectares. Mais c'est désormais aussi une vieille installation en sursis. Le réacteur n°1 vient d'être prolongé pour six ans, mais il aura 40 ans en 2020... C'est la centrale française la plus âgée après Fessenheim.

Personne ne peut souhaiter que de nouvelles installations polluantes et dangereuses prennent le relais de celles-ci et viennent abîmer plus encore un paysage déjà martyrisé. Le site d'ArcelorMittal pourrait servir de décor à un film de science-fiction. Il est gigantesque, plusieurs milliers de personnes y œuvrent chaque jour mais on n'y croise presque personne. Tout est automatisé et les salariés y font de la maintenance. Pourtant, sa fermeture, comme l'arrêt de la centrale nucléaire, conduira à un marasme en termes d'emplois locaux, si d'ici là on n'a pas inventé une économie alternative. Cette idée me hante. Je vis avec. Chaque fois que je discute avec un ouvrier qui travaille dans des conditions difficiles sur ces sites déshumanisés, je me demande s'il y terminera sa carrière ou s'il devra se reconvertir avant. C'est une question douloureuse. J'espère qu'il ne la lit pas dans mes yeux.

Je connais trop de familles angoissées par cette crainte silencieuse. On est allé chercher le père au Maghreb au début des années 1960. Il a fait une partie de sa carrière chez Usinor et en a été la plupart du temps licencié au moment d'un plan de départ. Aujourd'hui il hésite entre repartir au Maroc, en Algérie, et rester là. Les plus chanceux de ses enfants sont encore ouvriers. Ils ont 40, 50 ans et une épée de Damoclès au-dessus de la tête.

Toutes ces familles assistent impuissantes à l'écroulement du monde ouvrier qui a été le leur. C'est difficile de vivre au rythme des plans successifs. La dernière annonce porte sur 200 suppressions chez Arcelor d'ici à 2020. En 2008, nous avons déjà connu un séisme avec la crise financière, qui a fait bondir le taux de chômage de la ville de 16 à 24 % en quelques semaines. Les sous-traitants et les intérimaires ont été licenciés les premiers, et c'étaient justement les gens d'ici. La saignée dure depuis des décennies. Alors évidemment, aujourd'hui, le fils qui a vu son père jeté dehors nourrit des inquiétudes. Tant qu'il touche son salaire, il fait vivre sa famille, même si le travail est difficile, dangereux parfois ; mais il se demande combien de temps cela va durer et cette incertitude le ronge parce qu'il sait que la reconversion ne va pas de soi...

Ce n'est pas un sujet de conversation au marché ou dans les cafés, comme si les Grand-Synthois voulaient exorciser ce risque en le taisant. Mais il est intimement présent dans nos vies, il plane sur la ville. D'autant que personne ici n'ignore que 87 % des entreprises de l'agglomération ont leur siège ailleurs. À l'étranger souvent.

Rio Tinto, qui transforme et négocie de l'alliage et de l'aluminium, a son siège social en Australie... ArcelorMittal a le sien au Luxembourg. Ils sont là parce que cela leur convient aujourd'hui, mais demain, quand les équilibres mondiaux auront changé, quand les installations auront encore vieilli et rouillé, ils déménageront, c'est certain. Il en sera de même lorsqu'on aura tiré à son extrême limite la longévité des réacteurs nucléaires de la centrale de Gravelines, dans dix ans. Grande-Synthe et toute l'agglomération dunkerquoise n'auront que leurs yeux pour pleurer, nous le savons tous. Depuis la fermeture des hauts-fourneaux de Florange en 2013, Arcelor continue inexorablement de comprimer ses coûts dans l'Hexagone. Notre site est pour l'heure relativement épargné parce qu'il est spécialisé dans les produits à forte valeur ajoutée nécessaires à l'industrie automobile. Pour combien de temps ? On l'ignore d'autant plus que les Chinois, qui inondent aujourd'hui le marché en acier bas de gamme, peuvent très bien demain se hisser sur le même créneau que nous… L'usine a beau abriter les meilleurs hauts-fourneaux du monde, il ne faut pas oublier que le minerai vient d'Inde, du Brésil, d'Afrique du Sud, et qu'il suffirait de construire des usines à la sortie des mines. L'installation de cette usine dans le Dunkerquois était une forme de compensation des dommages de guerre. Mais aujourd'hui, quel est l'intérêt de Mittal à rester dans le Dunkerquois ? La réponse ne va pas de soi. Ses dirigeants savent-ils vraiment placer la ville sur une carte ? Pourquoi ne pas construire une usine aussi compétitive au Brésil ? – il se dit d'ailleurs que la firme mène actuellement des études là-bas. Tous nos équilibres sont très précaires et peuvent vite vaciller car 46 % des emplois de la ville sont encore dans le secteur industriel. ArcelorMittal ne sera pas éternellement le premier employeur de Grande-Synthe, la centrale de Gravelines ne bravera pas indéfiniment les ans… Hors de question de se retrouver le Denain ou le Louvroil de demain. Avec tout le respect que j'ai pour les maires de ces communes qui ont vu des unités d'Usinor fermer du jour au lendemain dans les années 1980 et leurs villes ne se relèvent pas, ni économiquement ni socialement, de ce marasme. Je comprends que la maire de Denain ait d'ailleurs demandé très récemment à l'État un plan Marshall pour sa commune. C'est notre rôle, à nous politiques, d'anticiper ce moment, et ce n'est pas une mince affaire. Il faut préparer le virage et préparer les esprits à le prendre. Les gens ont été nourris de génération en génération à l'idée qu'ils étaient des ouvriers et le resteraient de père en fils. Il n'y a plus qu'à déconstruire ça !

Pour éviter le tsunami économique qui s'annonce, il faut mettre tout de suite en place un autre modèle. Nous avançons en ce sens grâce à deux concepts qui me sont chers : la social-économie et le modèle de la transition. Je n'ai rien inventé, mais j'essaie de dessiner le futur de ma ville guidé par ces deux approches car je veux qu'elle soit prête le jour venu. D'autres, ailleurs dans le monde, travaillent comme moi sur la vie postindustrielle, je me suis inspiré de leurs travaux, leurs écrits, de visites chez eux ; même si, pour adapter, il faut toujours réinventer et jamais seulement copier. Chaque ville est unique.

Le nom de Totnes ne vous est peut-être pas familier. Cette petite cité britannique du Devon, presque à la pointe méridionale de l'Angleterre, est pourtant la capitale mondiale des villes en transition. Au départ, c'est une bourgade comme les autres avec ses 8 000 habitants. Mais en 2006, Rob Hopkins, un enseignant en permaculture qui vit là, passe une année en Irlande pour réfléchir à l'élaboration d'un modèle capable de limiter l'impact sur la vie des gens de la double crise qui se prépare : la raréfaction du pétrole et le changement climatique. Pendant une année, il mène sa recherche *in vivo* sur un microterritoire, puis il revient chez lui et lance TTT : Totnes Transition Town.

Dix ans après, Totnes a bien avancé et continue sa marche. Dans 47 pays, 1 200 villes se sont mises en mouvement dans son sillage. En France, Grande-Synthe est bien évidemment dans la danse, mais c'est le cas de plusieurs dizaines d'autres, engagées à des degrés très divers et de façons différentes.

La « transition » n'a pas transformé Totnes en ville d'extraterrestres. Rob Hopkins s'amuse d'ailleurs du fait qu'un jour, il y a quelques années, un Allemand venu enquêter sur le sujet a déboulé furieux dans son bureau, demandant comment il était possible qu'il y ait encore des voitures après six années de transition. Pour l'initiateur du changement, cet homme n'avait rien compris au sujet.

En apparence, Totnes ressemble donc aux autres bourgades britanniques. Petit fleuve paisible avec barques blanches rehaussées de bleu, maisons fleuries, carrés de gazon tracés au cordeau, voitures dans les rues et quelques enseignes de fast-foods, versions modernes des fish and chips d'antan, comme dans toute cité anglaise qui se respecte ! Si on y regarde de plus près, il existe pourtant une Totnes bis, totalement différente. Dans cette ville-là circule une liste de restaurants qui servent du bio issu de la production locale ; un jardin potager et fruitier en libre accès est implanté en plein milieu de la ville à la place d'une ancienne friche ; des jardins collectifs ont remplacé les parkings ; sur la porte de nombre de commerces, un panonceau indique que la monnaie locale est la bienvenue.

Ce ne sont là que quelques indicateurs immédiatement perceptibles du changement à l'œuvre dans la ville. Car à Totnes les initiatives foisonnent depuis dix ans et se comptent par centaines, petites ou grandes, silencieuses ou médiatiques. Rob raconte qu'au départ ils ont démarré à deux, un copain et lui, avant que très vite ne se créent des groupes thématiques autonomes chargés de repenser qui l'alimentation, qui l'énergie, ou l'éducation. Désormais, plus de 550 personnes sont impliquées à des degrés divers dans ces groupes de réflexion.

La cellule sur l'économie locale s'est fixée comme objectif que 10 % du budget des ménages pour se nourrir (32 millions de livres) n'entrent plus dans les tiroirs-caisses des deux supermarchés, mais servent à l'achat de produits locaux. Une façon de créer du pouvoir d'achat sur place et de faire vivre les paysans du coin. Pour inciter à consommer local, une monnaie, la livre de Totnes, a vu le jour. Le bureau de TTT a provisionné la totalité des sommes en circulation pour que cette monnaie soit échangeable en livres sterling, et cela fonctionne suffisamment bien pour que des villes voisines aient copié la formule et mis en place leur propre livre…

Maintenir une qualité de vie en réduisant fortement, individuellement et collectivement, la consommation d'énergie fossile et les émissions de CO2, c'est le sens de la transition selon Rob Hopkins. Ce dernier montre en effet que, pour absorber les chocs à venir, il faut anticiper une relocalisation de l'économie, notamment pour l'alimentation, afin d'être le plus autosuffisant possible. Cela doit se faire en renforçant les liens, les solidarités et la coopération entre tous les acteurs du territoire. Il faut aussi impliquer un maximum de citoyens dans le projet, grâce à une formation adéquate qui permet à chacun d'acquérir les savoirs et les compétences nécessaires pour devenir un acteur du mouvement. Car des enquêtes de terrain ont montré que ceux qui ne s'engageaient pas étaient en général climatosceptiques…

À Totnes, les initiatives collectives sont complétées par celles des ménages. Aux efforts consentis par la société des énergies renouvelables, qui installe les chauffe-eau solaires en complément des deux éoliennes qui dominent la ville, s'ajoute un travail mené par les ménages sur leur consommation individuelle. Dans ce qu'ils ont baptisé des « *Transition Streets* », plus de 700 familles discutent avec leurs voisins des stratégies mises en place par chacun pour économiser l'eau, le fioul ou l'électricité. Cela aurait déjà permis de réduire les factures individuelles de 600 euros annuels en moyenne. Un premier pas dans une ville qui vise déjà 80 % d'autonomie énergétique pour 2030.

Au-delà de ces chiffres, c'est la dynamique d'ensemble qui intéresse Rob Hopkins. Et si ce dernier pensait au départ que la marche vers la transition était une réforme purement écologique, il a vite pris la mesure des solidarités qui se sont créées sur son territoire et de la dimension réellement culturelle de la métamorphose.

Grande-Synthe est aussi une ville en transition. Nous avons déjà mis en œuvre une partie des idées que Rob Hopkins défend. Mais différemment, car notre ville n'est pas Totnes et notre méthode pas tout à fait la même. Chez nous la monnaie locale est encore à l'étude. Le dossier avance et pourrait bien voir le jour à l'échelle de la communauté urbaine. Par ailleurs, nous avons développé d'autres approches que Totnes n'a pas retenues, preuve qu'il n'y a pas une réponse globale unique adaptable partout dans le monde. Même si les villes en transition doivent toutes inventer une économie locale, chacune doit penser ce qui lui convient le mieux compte tenu de sa situation propre, de la sociologie de sa population aussi. Même s'il existe un *Manuel de transition* traduit en français il y a quelques années, les idées doivent émaner du territoire, c'est un des points forts de cette démarche.

À mes yeux, il faut ajouter une bonne dose de social à cette approche. Dans une ville comme Grande-Synthe, c'est absolument nécessaire. À la transition, j'ai donc inclus de la social-écologie, doctrine qui lie intimement l'éradication de la pauvreté et la préservation de la biodiversité. Je partage en cela les thèses d'Éloi Laurent, économiste à l'Observatoire français des conjonctures économiques (OFCE) et un des maîtres du sujet. Éloi Laurent suggère un modèle d'économie verte pour réduire les inégalités, préserver et conserver les ressources naturelles, afin d'adapter le système capitaliste mondialisé au contexte de la crise écologique. Il préconise la combinaison de l'économie verte – j'entends par là les emplois verts – avec des politiques de redistribution à développer pour les transports ou la fiscalité, notamment. En d'autres termes, la social-écologie met en place des mécanismes garantissant des politiques vertes socialement justes. C'est pour moi incontournable et non négociable, c'est pourquoi je dois simultanément gérer les transitions énergétique, écologique, sociale et économique pour avancer vers un modèle de vie urbaine plus durable.

En fait, on se rend vite compte que l'écologie est une pensée globale. Faire du logement social durable consiste à préserver l'environnement par des règles plus drastiques, notamment en matière énergétique, mais cela permet aussi aux citoyens de gagner du pouvoir d'achat sur leurs factures tout en habitant des lieux conviviaux, plus sains, qui contribuent donc à leur bien-être. Pour avancer sur l'après-pétrole, nous sommes également obligés de repenser les transports et d'intégrer des concepts tels qu'une économie moins capitalistique et plus solidaire, génératrice elle aussi de bénéfices, mais différemment.

À Grande-Synthe, nous avons un agenda des ambitions postcarbone de la ville. Nous faisons tout pour atteindre le facteur 4 à l'échelle du territoire, à l'horizon 2050, c'est-à-dire une division par quatre des émissions de gaz à effet de serre répertoriés par le protocole de Kyoto. Au demeurant, l'ensemble du Nord-Pas-de-Calais a cet objectif et cela passe bien sûr par la fin de la dépendance aux énergies fossiles. Il y a urgence à avancer car chaque année le « jour du dépassement », date à partir de laquelle nous consommons plus de ressources naturelles que la planète n'en produit, tombe un peu plus tôt, c'est dramatique pour nos enfants. Mais le répéter ne sert pas à grand-chose, il faut juste montrer sur son territoire qu'il est possible de faire autrement.

Notre stratégie énergétique a été amorcée en 2006 et officialisée en 2009 avec un plan d'action pour l'énergie durable. Au début, nous avons lancé des pistes éparses qui n'avaient pas l'air d'être liées entre elles. Ma ville « nouvelle » ressemblait à un puzzle avec des pièces par-ci par-là. Aujourd'hui la cohérence globale du projet saute aux yeux dès le premier regard. Nous avons déjà assez avancé pour que les consommations électriques de la collectivité soient à 100 % d'origine renouvelable. Notre consommation de gaz, elle, est issue à 75 % de la méthanisation, donc renouvelable. Il a fallu trois ans pour en arriver là, c'est en 2013 que Grande-Synthe a été la première ville de France à passer au gaz vert. Nous avons aussi réduit de 68 % notre consommation électrique pour l'éclairage public. Pour cela il a suffi de changer les lampes et le plan d'éclairage. Nous avons démonté les réverbères qui n'étaient pas nécessaires, mis en place des ampoules LED et un dispositif qui diminue l'intensité de l'éclairage à 22 heures. C'est beaucoup plus économe et tellement plus respectueux de la nature et de la biodiversité nocturne. D'abord, nous avons testé le dispositif sur un quartier, et aujourd'hui, comme il a fait ses preuves, nous l'étendons à toute la ville. Même si ce changement nous coûte 3 millions d'euros, nous comptons obtenir des aides et, après, la facture électrique, qui s'élève à 400 000 euros annuels, va littéralement fondre. Si tous les maires nous suivaient, nous pourrions supprimer une bonne partie des 58 réacteurs nucléaires français.

Nous sommes par ailleurs candidats à un champ éolien offshore au large de Dunkerque. Comme on sait que l'énergie produite là est intermittente, nous travaillons à sa transformation en hydrogène, afin de pouvoir la stocker. Pour être cohérents, nous développons la création d'une filière hydrogène et avons donc acheté des véhicules hydrogène pour la ville…

Côté construction, le bâtiment basse consommation (BBC) est presque de l'histoire ancienne pour nous. Nous sommes passés aux constructions à impact neutre ou positif sur l'environnement. En 2011, déjà, nous étions avant-gardistes avec le Stadium du Littoral qui a été le premier équipement sportif à énergie positive de la région. Les panneaux solaires thermiques y couvrent 50 % des besoins en eau chaude sanitaire ; le site est aussi pilote pour un prototype d'éolienne, plus souple et sophistiqué que celui qu'on connaît d'ordinaire. Il compte 700 mètres carrés de membranes photovoltaïques et des cuves de récupération des eaux pluviales. Cinq ans après, on ne peut que se féliciter de notre choix. Ça marche ! Et le prototype d'éolienne est en cours d'adaptation.

Aujourd'hui nous avons encore franchi une étape avec notre nouveau centre de santé. En plus d'être capable de générer son énergie, il sera totalement recyclable. C'est ce qu'on appelle du « *cradle to cradle* » (C2C). La traduction littérale de ce concept serait « du berceau au berceau » et c'est vraiment l'avenir. En fait, avec le C2C la notion même de déchet disparaît ; nous sommes dans du « zéro pollution, 100 % réutilisation ». Les matériaux à l'origine d'une telle construction sont tous pensés pour entrer dans la composition d'autres produits après cette première vie. Le C2C est une norme, mais aussi une éthique environnementale bien plus radicale que le développement durable. Dans le durable subsiste l'idée d'un épuisement en bout de ligne, même s'il est retardé. Dans le C2C, un produit fabriqué doit pouvoir, une fois recyclé, produire à nouveau le même produit, avec seulement un ajout d'énergie (renouvelable) lors de la transformation. Notre centre de santé aura donc un impact positif sur la biodiversité, sur la qualité de l'air, la gestion de l'eau et l'économie locale. Cela va plus loin que ce que nous avons construit jusque-là, même si depuis des années déjà nous imposons une longue liste de contraintes aux bailleurs lors de chaque rénovation urbaine.

Beaucoup de quartiers de la ville ont été reconstruits en habitat basse consommation, voire passif, chaque appartement pourvu uniquement d'un radiateur et d'un sèche-serviette. Même dans le Nord, même dans le logement social, on peut imposer un seul radiateur pour chauffer toute une maison, et les gens qui y vivent n'ont pas froid… Maintenant, nous essayons d'entraîner les propriétaires privés dans ce mouvement. C'est notre nouvelle étape. Pour avancer, la Ville a doublé les aides de la Communauté urbaine de Dunkerque pour les travaux d'économie d'énergie, en 2015.

Nous avons dès 2008 essayé de convaincre les gens en montrant ce vers quoi on peut tendre. C'est la raison pour laquelle l'actuelle université populaire a été ouverte au public en tant que maison écologique témoin pendant plusieurs années. Elle avait été conçue par le ponte de la construction zéro carbone, l'architecte Bill Dunster, qui est aussi directeur de ZEDfactory à l'origine du célèbre quartier londonien de BedZED.

Comme cela fait huit ans que la maison est là, on oublie désormais de s'émerveiller de ses prouesses. Et pourtant, sa capacité à maximiser les apports solaires et à réduire les pertes de chaleur est assez phénoménale. Quand on vit à l'intérieur, on ne ressent pas les 21 tonnes de masse à forte capacité d'absorption thermique qui sont intégrées dans les murs sous forme de béton écologique, dans le plafond sous forme de terre cuite, et même dans le sol en pierre naturelle de Lens. En hiver, la masse thermique absorbe la chaleur passive et, inversement, l'été elle maintient une certaine fraîcheur. Sur le toit, 25 mètres carrés de panneaux photovoltaïques assurent la production d'électricité, dont l'excédent est réintroduit dans le réseau EDF. Au final, la maison est conçue pour une facture énergétique de 150 euros annuels.

Elle consomme aussi très peu parce que l'air chaud sortant réchauffe l'air frais entrant, ce qui permet de récupérer 70 % de la chaleur de la maison, qui aurait été perdue dans un bâtiment standard, tout en renouvelant trois fois par heure l'air intérieur. Quand Grande-Synthe a choisi d'implanter la maison de Dunster, il s'agissait déjà de sensibiliser les habitants de la commune pour leur donner envie de vivre dans notre futur écoquartier du Basroch. Nous allons en effet construire le premier quartier européen labellisé LEED (*Leadership in Energy and Environmental Design*).

Sur les 21 hectares du Basroch, 15 sont dédiés aux espaces naturels, à la biodiversité, le reste à la construction de ces 500 logements d'un design hautement écologique. Ce sera un quartier de vie au cœur de la végétation, un quartier autonome avec son propre système de phytoépuration grâce à des plantes aquatiques. Je veux prouver là que l'on peut se passer des stations d'épuration qui sont des gouffres en termes de construction, de développement durable, de fonctionnement, et qui, au final, alourdissent la facture des ménages avec la taxe assainissement. Nous sommes ici dans une logique globale d'écoquartier à énergie positive. Donc nous ne sommes plus en train de chercher à réduire notre impact sur l'environnement, mais à créer un modèle d'aménagement et d'urbanisme pleinement intégré, en harmonie avec la nature, et qui a des effets positifs à la fois sur l'environnement, le social et l'économique. On n'est plus dans l'optique de faire le moins mal à la planète, c'est dépassé ! On lui fait désormais du bien…

Je tiens beaucoup à ce nouveau quartier parce que sa modernité verte va, j'en suis sûr, faire le bonheur des gens qui y vivront. Cela va à coup sûr augmenter l'attractivité de Grande-Synthe et faire venir des populations sensibles à l'écologie, car 40 % seront en logement social et le reste sera ouvert au marché. Du coup, la présence de ces familles plus aisées relancera mon petit commerce, qui vivote difficilement en centre-ville. J'adore ces réactions en chaîne ! Une ville est vraiment un laboratoire intéressant. Mais qui dit expérience, dit droit à l'erreur. Grande-Synthe teste, tâtonne, essaie de trouver les meilleures solutions. Ce n'est jamais gagné d'avance, nous pouvons aussi nous tromper pour de multiples raisons : parce que la réalité est autre que ce que nous croyions, parce que nous n'avons pas assez anticipé les évolutions... Il est en revanche clair que les collectivités locales ont un rôle majeur à jouer en termes d'innovation. Leur contribution à la mise au point des solutions d'avenir est essentielle.

L'autre risque serait de faire de Grande-Synthe un petit village gaulois où un groupe d'originaux inventerait des solutions intéressantes, non réplicables ailleurs. Ce n'est pas mon souhait. La réplicabilité est une condition *sine qua non* de tout ce que nous expérimentons. Nous travaillons pour notre ville, nos concitoyens, mais nous souhaitons en même temps que notre démarche inspire d'autres maires, d'autres équipes. Forcément, nous avons envie de faire avancer nos idées. Même si nous sommes dans un environnement particulier, industriel, et qu'il y a peu d'autres lieux comme ça en France, il faut que nos avancées fassent tache d'huile.

Comme vice-président de l'agglomération de Dunkerque en charge de la transformation écologique et sociale, je peux plaider l'extension territoriale de certains dispositifs. Ainsi, en 2018, le réseau de transports en commun de l'agglomération sera entièrement gratuit pour l'usager, chose que je souhaitais faire à Grande-Synthe mais qui n'avait pas de sens pour une seule ville. Et puis nous avançons ensemble sur la mise en place des modes de déplacement doux en développant les pistes cyclables dans l'agglomération. Une urgence ! Aujourd'hui, en effet, 50 % des déplacements en voiture font moins de 3 kilomètres ; or toutes les études prouvent que pour faire moins de 6 kilomètres un vélo est plus rapide qu'une voiture…

Mais il y a des points sur lesquels je suis bloqué, notamment le problème de l'eau. J'aurais souhaité, comme je l'ai décrit plus haut, qu'une régie publique prenne en charge la gestion de l'eau pour mettre en œuvre une tarification progressive. Les 40 premiers litres consommés quotidiennement seraient gratuits puisque cela correspond à nos besoins vitaux. Ensuite, la tarification serait progressive en fonction du volume consommé. Mais cela ne se fera pas. Dommage.

Je reste sur ma faim sur ce sujet comme pour le revenu minimum. Mais je ne peux pas décider seul de mettre en place à l'échelle municipale un revenu qui serait versé à chaque citoyen pour lui permettre de vivre. Une telle décision ne peut être que nationale. Mes amis d'EELV portent ce sujet et j'en suis fier. À condition qu'on parle d'un vrai revenu, car au-dessous de 1 000 euros mensuels, le dispositif n'atteindra pas son but. La somme allouée mensuellement ressemblerait alors trop à un RSA et ne serait pas suffisante pour préserver la dignité des gens. Mais c'est un autre sujet… En tout cas, c'est bien la preuve qu'une ville, aussi innovante soit-elle, ne peut pas mener tous les combats toute seule jusqu'au bout. Et surtout le premier d'entre eux, la lutte contre le chômage.

Quand on se penche sur l'origine des maux dont souffre ma ville, on finit toujours par tomber sur le chômage de quelque manière qu'on aborde le sujet. En théorie, la mairie n'a aucun moyen d'action sur l'emploi parce que les décisions ne se prennent pas à notre échelle. Une fois ce préalable posé, la bataille pour l'emploi est un combat quotidien qui se décline sur toutes les temporalités : l'immédiateté, le moyen terme et l'invention d'une nouvelle économie dans le cadre de la transition.

À Grande-Synthe, 46 % des jeunes sont hors emploi. Je ressens très violemment cette réalité sociale avec tout ce qu'elle entraîne de désespoir. Sur dix personnes qui me demandent rendez-vous à la mairie, neuf le font dans l'espoir que nous leur trouvions un emploi. C'est terrible car chaque fois je rêve de pouvoir proposer quelque chose, mais c'est impossible. Les services de la mairie ne sont pas extensibles à l'infini. Nous essayons bien de servir d'amortisseur au manque d'emplois, mais nous ne pouvons aller au-delà de ce que nous faisons actuellement, même si je perçois la profondeur du désespoir dans les yeux de certains. Ça n'amuse personne de venir quémander un job. C'est une démarche humiliante qui me place face aux limites de ma fonction. En fait, nous sommes pris entre les demandes des gens et les analyses de nos comptes, puisque la Cour des comptes nous a épinglés parce que nous établissons chaque mois 1 100 fiches de paye. Je reconnais que c'est beaucoup, mais je ne vois pas comment faire autrement dans l'immédiat… Évidemment, je défends d'arrache-pied la polyclinique, je développe ma zone industrielle et mon parc d'entreprises. Chaque fois qu'un commerce s'installe, j'impose des embauches locales, comme lors de l'ouverture de nouveaux commerces d'équipement de la maison.

Ce commerce est stratégique pour la ville parce qu'il ne fera concurrence à aucun autre, qu'il devrait fidéliser une clientèle de l'agglomération et faire en sorte que plusieurs dizaines de millions d'euros ne partent pas chaque année vers Lille ou la Belgique. Bien sûr, j'impose que les normes paysagères et énergétiques soient respectées, que des logements écologiques et un parking vert soient prévus, tout comme la création de 250 à 300 emplois. Ces postes s'ajouteront aux 600 salariés qu'emploie déjà notre hypermarché. Je ne suis pas de ceux qui disent que l'hypermarché a tué le petit commerce. De toute manière, le nôtre est très vieux, il date de 1974. Mon père était contre mais les communistes de son conseil municipal le lui ont imposé, plaidant que cela permettait au grand public d'accéder à la consommation. Maintenant il fait partie de notre paysage, joue la carte du développement durable et propose dans ses rayons des produits locaux et bio. Même si, bien sûr, ces hypermarchés alimentaires ne sont en rien un modèle pour l'avenir, Grande-Synthe fait avec le sien.

Sa présence ne nous empêche pas d'inventer une nouvelle économie, ni de changer nos modes de consommation. En matière d'écologie, il y a deux leviers à actionner en même temps : les emplois verts qu'on pourrait qualifier de « classiques » et les emplois que doit développer une ville dans le cadre de sa transition, ces « jobs » qui émanent du terroir.

Si l'on en croit l'OCDE, l'investissement dans les énergies renouvelables pourrait se traduire par la création de 20 millions d'emplois dans le monde d'ici à 2030 : 2,1 millions dans la production d'énergie éolienne, 6,3 millions dans l'énergie solaire photovoltaïque et 12 millions dans les biocarburants agricoles et industriels. Plus près de nous, plusieurs rapports européens estiment qu'en 2020 l'Europe aura déjà 2 millions d'emplois verts. On ne part pas de zéro puisque, selon les statistiques de

Pôle emploi, 1 projet de recrutement sur 7 passés par son entremise en 2015 concernait déjà un métier vert. On en comptabiliserait déjà 500 000 en France. Même si je ne suis pas un grand fanatique des statistiques, surtout quand il s'agit de prévisions, la convergence de tous les instituts sur ce sujet prouve que l'emploi sera vert dans les décennies à venir.

C'est la raison pour laquelle, nous, ville moyenne du Nord, nous lançons avec nos petits moyens et notre immense énergie dans le développement d'une nouvelle économie locale. D'abord, nous avons un petit gisement d'emplois agricoles à développer ; un peu comme le fait Totnes, avec en plus notre « moteur » interne à ce changement : la cantine bio. Avec nos 500 repas bio servis quotidiennement aux enfants des écoles, il nous faut développer une agriculture biologique sur la commune et les environs. Le geste politique du « 100 % bio » rend nécessaire la mise en place de toute une filière. Et ça tombe bien puisque, dans le cadre de la transition écologique, l'exemple de Totnes montre l'importance d'une production locale.

Tout est à penser, à construire, mais nous ambitionnons de racheter des terres maraîchères et de lancer une ferme urbaine. Avec l'expertise de François Léger, chercheur à l'INRA et spécialiste de l'agriculture urbaine, nous avons compris qu'il faut inventer là encore, créer une ferme urbaine multidimensionnelle qui pourra avoir son restaurant, voire ses ventes directes. Nous devons élaborer un modèle économique car l'idée n'est pas d'avoir des maraîchers fonctionnaires mais d'essayer de créer de l'emploi. Les travaux de François Léger montrent qu'en agro-écologie ou en permaculture, nous pouvons escompter la création d'un emploi pour un hectare et demi ou deux hectares de culture. Nous allons donc créer une sorte d'incubateur paysan, pour aider à la création d'activités annexes autour de la production. Rien n'est figé, cela passera par des tâtonnements, de l'observation… mais nous partons sur une vingtaine d'hectares. Et ce n'est qu'un début.

Aujourd'hui, la mairie doit être proactive. Pour créer une sorte de cercle vertueux de la politique alimentaire, nous avons lancé un groupe de travail au niveau de la communauté urbaine, afin de développer à plus large échelle cette production biologique locale. Cela nécessite du temps, même si nous avons déjà une ferme d'insertion, la Ferme des Jésuites, sur la commune depuis 2002. Pour suivre le mouvement initié par la mairie, elle a délaissé pesticides et engrais sur ses 12 hectares, sous abri et en plein champ, où elle produit près de 120 000 bottes de radis, 110 tonnes de poireaux et bien d'autres légumes vendus en direct. Ces productions remettent en selle 60 personnes très éloignées de l'emploi. Le fait qu'elles n'utilisent plus d'engrais ni de produits chimiques pour produire leurs fruits et légumes donne à ces personnes en réinsertion une compétence qui sera ensuite valorisable sur le marché du travail, en même temps qu'elles produisent des produits sains pour les Grand-Synthois. Elles ont développé une rotation des cultures pour permettre aux sols de se régénérer, une lutte naturelle contre les maladies des légumes, et portent une attention particulière aux ressources en eau. C'est un bel exemple, mais il nous faut aller plus loin.

Nous avons trop longtemps négligé les paysans. Même en zone urbaine comme à Grande-Synthe, les fermes peuvent trouver place au XXIe siècle. Il faut garder en tête qu'en France 21 nouvelles fermes biologiques ont vu le jour quotidiennement en 2016, selon l'Agence Bio. Au 30 juin 2016, le nombre de producteurs français engagés dans l'agriculture bio s'élevait à près de 31 880. Cela concernait déjà 1,5 million d'hectares, soit plus de 5,8 % de la surface agricole utile, contre moins de 1 % en 2014. La progression est exponentielle parce que notre avenir est là, et il serait dommage que les Hauts-de-France ratent cette révolution. Or, le démarrage y est poussif avec seulement 1 % des producteurs bio du pays.

L'idée est bien de générer de l'emploi local avec l'agriculture. Depuis des années nous pensons que notre identité se résume à une agglomération industrielle, ce qui pour l'heure n'est pas faux, mais n'est pas gravé dans le marbre… L'agglomération dunkerquoise compte quand même 57 % de terres agricoles. Or, à la Communauté urbaine, nous n'avons aucun service agricole, une lacune structurelle qu'il va falloir corriger.

Dans le cadre d'une économie en transition, il ne faut pas non plus négliger la filière bois, qui représente déjà 47 000 emplois dans le périmètre de l'ancienne région Nord-Pas-de-Calais, alors que nous avons très peu de forêts. J'aimerais qu'on plante des arbres parce que nous sommes une des régions les moins boisées, et que nous pourrions créer une filière importante ici. Ce développement me semble tout à fait possible. Aujourd'hui, il y a beaucoup de peupliers, un bois un peu boudé dans la construction, mais tous les espoirs sont permis puisque des études sont en cours pour améliorer son utilisation. Je suis attentif à ces évolutions ; j'y crois, et j'aimerais que les futures constructions de Grande-Synthe soient bâties grâce à la production sylvicole locale ou régionale.

Une ville en transition sait inventer de nouveaux métiers dans le secteur tertiaire aussi. Si on permet la multiplication des déplacements à vélo, une économie du deux-roues suivra inévitablement. Il n'existe plus beaucoup de réparateurs de bicyclettes et c'est dommage ; il faudrait aussi inventer des vélo-écoles comme nous avons des auto-écoles…

Et puis, c'est très à la marge, certes, mais nous avons à la mairie des meneurs de chevaux et un bagueur d'oiseaux. Je ne dis pas que nous allons en embaucher des dizaines, je dis juste qu'il ne faut jamais borner son imagination et qu'il existe des niches à exploiter un peu partout. Près de 70 espèces d'oiseaux vivent en effet dans le parc naturel de Grande-Synthe. Nous sommes une des rares communes à baguer les volatiles et à observer quelque 3 000 oiseaux chaque année. Si aucune espèce n'est menacée, certaines sont moins représentées qu'auparavant, nous aimons le savoir pour mieux comprendre les raisons de ces changements, faire le point sur les espèces, mais aussi sur leur qualité de vie, leur état de santé, l'impact du réchauffement… Comme nous avons commencé en 2007, nous avons un peu de recul sur le rapport de certaines espèces au lieu.

De même, il ne faut pas négliger les gisements d'emplois venant du milieu associatif. Grande-Synthe dispose d'un tissu très dynamique qui maille toute la ville et j'ai quelques beaux exemples d'embauches. La plus récente est celle qui a été faite par les Écochalets, une association qui fabrique des jardinières avec des objets de récupération. Son président, un métallo qui travaille chez ArcelorMittal, a signé avec un bailleur social pour s'occuper des espaces au pied des immeubles, qui sont trop souvent dégradés.

L'association a donc embauché une personne chargée de transmettre le savoir-faire développé à Grande-Synthe pour la construction de jardinières, et de faire de la médiation sociale avec les habitants pour les intégrer dans cette logique et limiter les dégradations. Je trouve intéressant que le tissu associatif ait ce dynamisme. En plus, alors que l'on se refuse trop souvent à penser qu'on peut cumuler les identités, le fait qu'un homme qui est ouvrier dans l'âme, avec une longue carrière chez Arcelor, devienne créateur d'emplois est une belle remise en cause des clichés !

Comme les emplois ne se créent qu'au compte-gouttes, il faut vraiment y aller tous azimuts… et inciter les habitants à se lancer. Nous avons un rôle à jouer dans la préparation psychologique des publics à accepter de nouveaux types de métiers. On est là pour leur faire découvrir que les métiers de la terre ne sont pas dévalorisants, et qu'il y a beaucoup d'autres débouchés que l'industrie.

C'est la raison pour laquelle j'essaie de faire en sorte que Grande-Synthe devienne un lieu d'expérimentation pour des start-up plus technologiques. Nous avons passé une convention avec l'incubateur de l'école des Mines de Douai et travaillons avec deux scientifiques qui développent la bio fabrication. Ils récupèrent du marc de café pour en faire des pellets de combustible qu'ils vont commercialiser. Aujourd'hui, il existe de tels petits combustibles en bois, eux veulent faire la même chose à base de café et de bouchons de liège. Ils ont réalisé un prototype qui fonctionne et en sont à une phase plus industrielle. Nous leur fournissons un local pour créer une première petite unité de production.

Nous travaillons aussi avec un professeur de physique-chimie, Jaouad Zemmouri, qui a inventé un process pour chauffer ou tempérer l'air avec de l'eau. Nous avons mis à sa disposition une salle de sport et notre serre municipale pour qu'il teste son idée grandeur nature. Il récupère la chaleur de l'air – quand vous faites du sport, vous produisez beaucoup de chaleur – pour chauffer l'eau des douches. Il a déjà des clients intéressés par son idée, et une première unité de production ici, TerraOtherme. Il faut savoir prendre des paris sur les projets sérieux qui entrent dans notre philosophie. C'est comme ça que nous avançons dans notre transition. Déjà, Jaouad Zemmouri va créer 27 emplois sur la commune. D'autres pourraient suivre, puisque bientôt il va mettre au point, au Centre de valorisarion énergétique de la Communauté urbaine, un récupérateur des poussières relâchées dans l'atmosphère. Vous imaginez, si son dispositif s'avère efficace, ce que nous pourrons faire en en plaçant aux sorties des hauts-fourneaux de notre sidérurgie…

Nous savons donc aujourd'hui que nous ne sommes pas seuls à penser vert. Reste à fédérer les énergies pour créer une dynamique plus large et faire entendre nos voix. Partout les idées bruissent. Je pense notamment à Emmanuel Druon, le patron de Pocheco, une entreprise de fabrication d'enveloppes installée près de Lille. Lui a pour credo qu'« il est plus économique de produire de manière écologique ». Depuis dix-sept ans, il le prouve avec ses 122 collègues salariés. Ensemble, ils font le pari que prendre soin de la planète et des êtres humains assurera la pérennité de leur activité. Pour cela, ils fabriquent sans détruire ni épuiser. Pocheco a investi 10 millions d'euros ces quinze dernières années pour réduire son empreinte écologique et a, dans le même temps, réalisé 15 millions d'économies… Des chiffres qui parlent !

Ces initiatives-là sont d'autant plus importantes que nous ne sommes plus dans le schéma de la méga-industrie qui arrive avec des milliers d'emplois. Cette époque est révolue. Nous sommes désormais sur de la création de petites unités de production qui montrent que ce n'est pas la fin de l'industrie, mais la fin d'une certaine industrie et le glissement vers une production plus sobre, plus propre, dans une logique d'économie circulaire, d'économie du partage, de la fonctionnalité, à l'image du principe d'« écolonomie » développé par Emmanuel Druon. Nos inventeurs ouvrent la voie. Et ils ont besoin de coopération.

C'est pour accueillir ce type d'entreprises, et d'autres encore, que j'ai ouvert le parc de l'Étoile, où des bureaux d'études se sont installés. Ils ne créent pas forcément d'emploi local encore, mais il faut savoir être patient. La transition nécessite du temps, même si elle est plus rapide à Grande-Synthe qu'ailleurs. Ici en effet, elle n'est pas partie de militants ou d'associations qui se seraient battus pour faire entendre la voix du changement, ce sont les élus qui la poussent. D'où une autre échelle, un autre rythme, et tellement moins d'énergie humaine perdue.

6

Le pari de la santé à l'ombre de 14 sites Seveso

Ici, en guise de bienvenue, on vous distribue des comprimés d'iode. Ensuite, vous apprenez les consignes de base en cas d'accident industriel : « Ne téléphonez pas. N'allez pas chercher vos enfants à l'école. Ne fumez pas. Écoutez la radio. »

Nous vivons jour et nuit sous la menace de 14 sites Seveso. Des lieux hypersurveillés, certes, mais qui souillent l'air que nous respirons au dioxyde de soufre ou aux oxydes d'azote... Ici 77 % des pollutions proviennent de l'industrie lourde, même si les entreprises font de vrais efforts pour limiter les rejets. ArcelorMittal vient d'investir 26 millions d'euros pour réduire ses évacuations soufrées, nous applaudissons, bien sûr, mais c'est une absolue nécessité et cela ne suffit pas.

Un petit maire ne peut pas lutter contre tous les déchets que les cheminées de ces géants recrachent à longueur de journée. Il peut simplement aider ses concitoyens à préserver leur santé dans cet environnement difficile. C'est ce que nous faisons. L'an dernier, nous avons installé des drapeaux devant chaque bâtiment public ainsi qu'aux entrées de la ville pour indiquer la qualité de l'air en temps réel. Vert, orange ou rouge, tout le monde connaît ces fanions et sait les lire. Ils sont visibles par tous au premier coup d'œil et en cas de pic de pollution les transports deviennent automatiquement gratuits. Nous testons ce dispositif en ville depuis un an. Les résidents s'y sont familiarisés et il devrait être rapidement étendu à l'ensemble de la communauté urbaine.

La santé des habitants de la ville est une priorité. C'est dans notre région qu'on meurt le plus jeune, avec une espérance de vie de 75,4 ans pour les hommes (contre 79,2 ans au niveau national) et de 82,8 ans pour les femmes (contre 85,4 ans). Ce sujet me préoccupe d'autant plus qu'entre les deux dernières publications de la Direction de la recherche, des études, de l'évaluation et des statistiques (DREES), de 2013 et 2016, l'écart qui sépare la région et le pays s'est accru pour les femmes aux dépens de nos territoires.

J'ai vu mourir des gens jeunes dans mon entourage. Rien qu'à la mairie, trop sont partis précocement. Un des adjoints de mon premier mandat est mort d'un cancer du cerveau en 2012. Il y a quelques années, un agent des services techniques, de ma génération, arrive un matin au travail à 7 h 30, comme d'habitude. Il fait le tour des services pour dire bonjour et s'effondre, foudroyé par une crise cardiaque. Personne n'a rien pu faire. Je le connaissais depuis quarante ans. Nous avions fait de l'athlétisme ensemble lorsque nous étions gamins. J'ai beaucoup de souvenirs des moments passés avec lui, des compétitions et des entraînements.

Plus récemment, Annie, à peine plus âgée que moi, a été victime d'un AVC. Elle accompagnait une délégation en visite dans notre ville jumelle en Pologne. Son frère était mon meilleur copain quand j'étais adolescent. Je connais toute la famille et ai passé des journées entières chez eux. Le jour où cela s'est produit, j'aurais donné cher pour ne pas être celui qui devait annoncer la nouvelle de l'accident et l'infime chance qu'Annie avait de s'en sortir. Mais c'était mon devoir et je n'allais pas m'y dérober. J'ai d'abord parlé à un de ses frères. Les parents, eux, étaient injoignables, quelque part en Corse. Et puis, il a fallu organiser le voyage de ses enfants et de son frère là-bas, assurer leur réception à l'aéroport. Nous avons fait rapatrier Annie en France, en vérifiant qu'il y avait bien une place en réanimation à Dunkerque… Laurent Pidoux, qui à l'époque était mon directeur de cabinet, m'a accompagné pour rejoindre la délégation et gérer au mieux l'état de choc des personnes qui accompagnaient Annie. Elles dansaient ensemble quelques instants avant l'accident. J'ai encore une photo d'elle une seconde avant qu'elle ne s'effondre. Elle riait, était heureuse. Elle avait 57 ans, elle adorait la vie. Ce sont des moments terribles pour un maire.

Dans le Nord, plusieurs marqueurs sont au rouge. La région se situe en tête pour les accidents vasculaires cérébraux (AVC) avec un taux de mortalité de 59,5 pour 100 000 habitants, soit plus de 10 points au-dessus de la moyenne nationale (45,8). Quelque 9,9 % des adultes souffrent de diabète contre 5,8 % à l'échelle nationale. Près du double, donc, et l'on sait les effets désastreux et insidieux de cette maladie sur l'organisme.

Pour bien se soigner, il faut disposer d'une offre de soins de proximité, surtout lorsque la population est peu mobile. Si les Hauts-de-France sont une des régions où la démographie médicale est la moins bonne du pays, la ville de Grande-Synthe se bat depuis quatre décennies pour préserver sa polyclinique. Il a d'abord fallu que mon père croise le fer avec l'État pour l'ouvrir, avec l'appui de la population, et aujourd'hui je dois encore me battre pour sa pérennité. C'est un dossier très complexe. Pourtant la polyclinique a toute sa raison d'être. Sans ce lieu de soins, tout l'ouest du Dunkerquois et même l'ensemble de l'agglomération manqueraient de spécialistes... Ce n'est pas un équipement superflu ! Il est reconnu comme participant au service public hospitalier, mais reste un établissement privé sous forme d'association loi 1901. À ce titre, nous ne sommes pas autorisés à faire du déficit, quand les comptes de l'hôpital public de Dunkerque ou d'ailleurs s'appuient, eux, sur un principe de réalité. La santé est en France un secteur préoccupant dont les règles du jeu changent chaque année. Difficile de faire des projets d'établissement à moyen et à long terme tant les remboursements sont fluctuants d'une année sur l'autre. Surtout depuis que les patients sont devenus des clients dans les hôpitaux et les cliniques.

À Grande-Synthe, la polyclinique compte 410 salariés, c'est le quatrième employeur de la ville ! Les médecins et les spécialistes y sont salariés à 35 heures. C'est un établissement à taille humaine où la qualité de séjour est au centre des préoccupations, avec l'efficacité des soins bien entendu. Si sa pérennité m'a coûté beaucoup d'insomnies, je suis heureux de m'être battu comme je l'ai fait, car c'est un magnifique outil avec un personnel volontaire et dévoué, et qui rend un énorme service à la population.

Comme il est difficile pour un maire d'agir directement sur la santé de la population, nous nous y prenons autrement, en offrant à notre public défavorisé ce qu'il n'oserait pas demander : des repas bio dans les cantines et une mutuelle pour tous. Je suis conscient que cela ne suffit pas à tout transformer mais ce sont deux pas importants qu'il nous fallait franchir, avant d'aller plus loin demain.

À Grande-Synthe, manger bio n'est pas réservé aux « bobos ». En France les classes sociales les plus éduquées, celles qui ont le pouvoir d'achat le plus élevé, sont les plus consommatrices de produits sains. Grande-Synthe veut faire mentir cette statistique trop discriminante à notre goût et offrir à chaque famille de la ville la possibilité de bien manger, en collectivité comme à la maison. Pour cela, nous essayons d'accompagner nos concitoyens, au niveau d'étude moins élevé que la moyenne française et plus défavorisés, vers une consommation verte.

Pour faire entrer le plus large public dans ce cercle vertueux, la ville montre l'exemple en n'offrant plus que des repas 100 % biologiques. En instaurant cette règle dans les cantines scolaires dès la rentrée 2011, nous avons été la première ville de plus de 20 000 habitants à opérer ce choix.

Le Grenelle de l'environnement de 2007 avait affiché un objectif de 20 % de repas bio pour la fin 2012 dans la restauration collective destinée aux enfants. Tombé aux oubliettes, l'engagement a été réactivé au printemps dernier par la députée Brigitte Allain (EELV). Elle a fait voter à l'Assemblée nationale une proposition de loi réaffirmant ce souhait, mais avec 2020 comme date butoir. C'était trop loin à notre goût et, en plus, le Sénat a coupé court à ce nouvel élan, rejetant le texte au motif que la production locale biologique serait insuffisante. Argument fallacieux, puisqu'il suffit de se donner la peine de lancer cette agriculture pour que cela marche. Mais si on baisse les bras avant, il est certain qu'on n'avancera guère. Grâce à des campagnes citoyennes et à la volonté de quelques députés, le taux de 20 % a finalement été rétabli en novembre à l'Assemblée nationale.

J'applaudis à cette décision politique, même si je la trouve intellectuellement insatisfaisante. Soit nous sommes convaincus que les pesticides et autres engrais chimiques sont un poison et alors nous décidons simplement de ne plus offrir aucun repas non biologique, soit nous estimons que manger bio est un luxe qui ne sert à rien et nous assumons de rester dans le *mainstream* de l'industrie agroalimentaire, en continuant d'assaisonner nos salades aux pesticides, de manger des œufs au jaune presque orange parce que les poules de batterie ont reçu leur dose hebdomadaire de colorant dans leur nourriture industrielle... Il faut être cohérent.

Je compare volontiers notre attitude trop passive sur le sujet des pesticides, des engrais chimiques, mais aussi des colorants, à notre laisser-faire face à l'amiante il y a quelques décennies. Nous savions et n'avons rien fait. C'était criminel et nous ne pouvons que nous désoler aujourd'hui du drame sanitaire auquel ce scandale nous a conduits. Nous sommes malheureusement très forts pour tourner les pages du passé sans nous servir de ses leçons pour agir autrement. Aujourd'hui, nous sommes pourtant conscients que la nourriture industrielle contient des produits toxiques, alors poussons le raisonnement au bout et osons admettre que nous intoxiquons les enfants à la cantine en leur servant des repas aux ingrédients issus de l'agriculture industrielle. Pouvons-nous continuer ? À cette question, je réponds depuis quelque temps déjà un non ferme et catégorique. Sur le temps qui est de ma responsabilité, celui durant lequel les enfants me sont confiés, je me refuse à les empoisonner. C'est d'ailleurs la même chose pour les adultes qui se restaurent dans mes écoles ou mes maisons de retraite.

Depuis que ce changement a été acté à Grande-Synthe, nous construisons pas à pas une filière biologique de proximité en essayant de susciter l'installation d'agriculteurs. C'est un long processus. Nous ne sommes pas au point d'arrivée, loin s'en faut, mais nous avançons, et le levier de la cantine bio a je l'espère permis d'enclencher une dynamique dans la tête des Grand-Synthois. J'aimerais que nous les accompagnions mieux encore sur ce chemin semé d'embûches, parce que pour nombre d'entre eux la pizza ou le burger industriels restent appétissants, nourrissants, peu chers et à portée de main dans les vitrines des chaînes de restauration rapide. Nos sociétés de consommation survalorisent la malbouffe et rendent compliqués les achats sains.

Alors, je rêve d'un supermarché santé… Imaginez un instant un magasin coopératif avec épicerie bien sûr, mais aussi produits d'entretien, de toilette, cosmétiques, où chaque bouteille, chaque flacon serait garanti sans bisphénol, sans perturbateur endocrinien, sans pesticide ni colorant nocif. Chaque produit des rayons de ce magasin serait exempt de ces composants dont on soupçonne ou dont on connaît la nocivité et qui pourtant ont envahi nos vies. Nous avons tous du mal à repérer ces substances en lisant les étiquettes. Elles se cachent sous des noms improbables écrits en caractères minuscules. Sauf à avoir dans sa poche un dictionnaire recensant tous les produits nocifs, on ne peut pas faire ses courses sainement. Moi-même, qui y suis très sensibilisé, j'avoue avoir parfois du mal à m'y retrouver et reste sans réponse face à certaines substances chimiques. Les glycols, le bisphénol, d'accord! mais dans la famille des toxiques, il y a tellement plus de substances et certaines sont si bien camouflées qu'il y a urgence à aider le consommateur.

Devant cette grande complexité, il nous revient à nous, collectivités locales, le rôle essentiel de sensibiliser au fait que consommer naturel évitera de tomber malade. Il faut aussi que ces produits sains soient proposés à des prix abordables, d'où mon idée de coopérative généraliste. Nous sommes tous d'accord sur le fait que la bonne santé n'a pas de prix mais, dans la pratique, les gens ont un budget à tenir, et ceux qui n'ont pas beaucoup de moyens sont les proies les plus faciles des grands chimistes qui n'ont de cesse de leur fourguer des produits à 1 euro qui regorgent de toxiques. Et on laisse faire : 3 000 morts par an sur les routes en France, c'est trop, c'est scandaleux, mais on en fait des tartines ; 43 000 morts par an liées aux particules fines, on se bat nettement moins, pour protéger les lobbies qui sont derrière, celui du diesel en particulier. Pour les perturbateurs endocriniens la prise de conscience est plus récente, mais c'est la même hypocrisie et le même silence assourdissant.

À un moment, il faut sonner la fin de la récréation. Grande-Synthe va s'en charger en essayant d'éveiller les consciences. Cette année, sous l'égide du centre de santé, nous commençons une enquête épidémiologique sur les cheveux et les urines des enfants, des femmes enceintes et des adultes volontaires. Nous avons monté un dossier avec André Cicolella, le toxicologue qui a mis au jour le problème du bisphénol A dans les biberons. Il travaillera dans notre ville avec son association Réseau environnement santé et avec François Veillerette de Générations futures. Tous deux seront entourés de professionnels locaux, de représentants d'associations environnementales, de membres du conseil de l'Ordre, mais aussi de praticiens gynécologues ou dentistes. Par des mesures régulières, leur enquête veut mettre en évidence les traces de pesticides et de perturbateurs endocriniens dans nos organismes. Ils ne s'arrêteront pas à ce constat, qui a déjà été fait, mais vont comparer la concentration de ces éléments dangereux chez les personnes qui adoptent des comportements sains à celle trouvée chez les autres. Bien sûr, manger dans nos cantines bio ne suffira pas pour que le corps soit vierge de toute trace de polluant, mais ces scientifiques formulent l'hypothèse que l'étude pourrait montrer que certains polluants s'éliminent très vite, en vingt-quatre ou quarante-huit heures. Ce serait la preuve par a + b que, si nous changeons de comportement, nous pouvons rapidement nous débarrasser de ces molécules dangereuses, et que l'homme n'est pas condamné à un lent mais irrémédiable empoisonnement. J'aimerais vraiment aider ma population à en prendre conscience. Et sans péché d'orgueil, je pense qu'une telle étude peut avoir un impact beaucoup plus large.

Sans attendre, à Grande-Synthe nous avons avancé sur les produits d'entretien sains : 400 hommes et femmes ont déjà renoncé à utiliser des lessives et des produits d'entretien classiques. Depuis 2010 nous disposons d'un vrai lieu d'éducation tout au long de la vie avec l'université populaire. Nos animateurs y ont mis en place ce qu'on a appelé les « ateliers de l'autonomie ». Là, des petits groupes de 4 à 8 Grand-Synthois apprennent à fabriquer eux-mêmes leurs produits d'entretien 100 % naturels. La première session commence par une prise de conscience. L'animateur chargé du sujet, Julian Mierzejewski, vide les placards très standards de notre maison commune. Il décrypte les étiquettes de ce que chacun a chez soi et utilise au quotidien. Les visages pâlissent quand Julian raconte les effets toxiques de certains produits d'usage courant… Une fois cet arsenal mis en évidence, les groupes n'attendent plus que l'heure des travaux pratiques. L'idée n'est pas de laisser nos populations désarmées mais de leur enseigner à faire autrement.

S'ensuit alors un moment convivial et créatif. J'ai vu des mères de famille se transformer en véritables chimistes. Elles manipulent le bicarbonate, les cristaux de soude, les paillettes de savon et les huiles essentielles avec une aisance incroyable et trouvent en général l'exercice très simple. Ce qui est drôle, c'est que toutes bloquent sur une même interrogation : un produit qui ne mousse pas peut-il laver correctement ? Preuve que nos cerveaux sont bien conditionnés par les produits industriels que nous utilisons depuis des décennies. Je vous rassure, la réponse est oui ! Et Julian, qui fait depuis quatre ans ses lessives maison, pourrait gagner le concours du vêtement sans tache…

Dans presque tous les groupes, des passionnés nous aident aussi à aller plus loin. Il y a quelques semaines, une femme venue à nos ateliers a repris l'expérience chez elle, après le cours, et a réussi à fabriquer une lessive en poudre, alors que nous étions restés à une lessive liquide, moins simple à stocker. Sa recette a été directement consignée dans le livre de l'université et pourra servir à d'autres, car nous avançons ensemble et partageons nos savoirs, c'est le principe même du lieu.

Au départ, les citoyens ne viennent pas forcément pour vider leurs placards des perturbateurs endocriniens. Beaucoup sont d'abord attirés par la perspective de réaliser facilement des économies. Car, en plus d'être écologique, une lessive maison revient bien moins cher qu'un produit du commerce. On arrive à fabriquer un litre de nettoyant textile pour 60 centimes. Or, comme le dosage est le même qu'avec une lessive traditionnelle, imaginez la différence du coût d'entretien des vêtements. C'est la même chose avec les produits ménagers autres qu'on fait ensemble à l'université populaire. On y fabrique notamment un nettoyant multi-usage en spray, avec du vinaigre, des huiles essentielles désinfectantes comme du citron et du tea tree, de l'eau et du bicarbonate pour dégraisser. Ce sont nos deux ateliers qui rencontrent le plus grand succès, mais il est aussi assez simple de préparer sa recette pour l'entretien des meubles en bois avec de l'huile d'olive, ainsi que toute une série de produits de toilette allant du shampoing au dentifrice.

J'ai la faiblesse de penser que nos initiatives, si elles continuent à se propager, vont éveiller les consciences. En fait nous avons avec ces produits verts un peu la même démarche qu'avec l'ouverture du lieu humanitaire pour les réfugiés à la Linière. Nous parions sur l'idée qu'il faut d'abord se lancer, donner l'exemple, prouver... Dans un second temps, cela fait bouger les lignes ailleurs, fait des émules ici ou là. Pour ouvrir une brèche dans les certitudes les mieux ancrées, les beaux discours ne suffisent pas, il faut avoir des résultats à montrer.

Si nous arrivions aussi bien sur les perturbateurs et autres polluants, je ne serais pas mécontent. Grande-Synthe se veut éveilleur de conscience, lanceur d'alerte. Je travaille pour ma population au premier chef, mais j'aime me servir de ce laboratoire pour faire plus globalement avancer les idées. C'est ainsi que je conçois mon rôle d'homme politique.

En même temps que ces évolutions de fond, je dois apporter des réponses immédiates. Je me suis rendu compte, lors des discussions avec ma population, que trop de personnes avaient du mal à se soigner, faute de mutuelle. C'était une réalité un peu dure à accepter pour moi. Et puis, un week-end, c'était un samedi soir, j'ai vu par hasard un reportage télévisé sur un petit village qui avait lancé un appel d'offres auprès de plusieurs mutuelles pour qu'elles proposent des tarifs négociés à ses habitants, plutôt que de laisser chacun y aller en solo. Ça a tout de suite résonné avec les besoins de mes Grand-Synthois. À peine la télévision éteinte, j'ai envoyé un texto à la directrice du centre de santé pour lui dire de réfléchir à ce sujet dès qu'elle aurait cinq minutes. Près de deux ans ont été nécessaires pour arriver à notre dispositif actuel. Mais le chemin compte moins que le résultat et aujourd'hui tous ceux qui le souhaitent peuvent accéder à une mutuelle de santé ; l'argent n'est plus un barrage.

Rien de bien sorcier dans cette grande avancée. Le centre de santé de Grande-Synthe a simplement joué collectif en mettant les mutuelles en concurrence avec un cahier des charges très simple. Nous avons demandé aux assureurs de nous faire des propositions adaptées aux différents publics parce que nos 9 000 sociétaires potentiels n'ont pas tous le même âge. C'est du bon sens ! Il est inutile d'assurer une personne de 80 ans pour le risque obstétrique, en revanche une personne âgée a plus de frais dentaires, auditifs et de lunetterie qu'un jeune. Nous avons donc demandé aux assureurs de sortir des offres globales et de segmenter les contrats en fonction de l'âge.

Ce dispositif n'est pas pensé pour celui qui a un travail et dont l'entreprise prend en charge une partie de la mutuelle. Lui est couvert à un prix intéressant, il dispose déjà d'une complémentaire. En revanche, les premières personnes qui sont venues à nous pour cette offre n'avaient plus d'assurance. Nous avons donc remis des gens dans le circuit avec une opération qui n'a rien coûté à la ville, à part de l'énergie, du temps, de l'intelligence. Il a suffi de lancer les mises en concurrence, puis de communiquer auprès de la population.

Travailler le sujet nous a en plus permis de populariser un dispositif peu connu de la Sécurité sociale, baptisé Aide au paiement d'une complémentaire santé (ACS), qui prend en charge le financement solidaire d'une mutuelle en fonction des revenus des gens, jusqu'à 550 euros par an. Aujourd'hui l'association des deux dispositifs fonctionne très bien.

C'est un sujet dont les gens parlent volontiers parce que être en mesure de se soigner change une vie. Je pense à une femme, veuve sans enfants, qui n'a jamais été salariée et habite dans une petite HLM avec les 800 euros de pension de réversion de son mari. Depuis plusieurs années, elle avait renoncé à son assurance. Payer 80 euros par mois lui était impossible. Comme elle savait ses remboursements limités, elle évitait même les consultations chez le généraliste, de crainte qu'il ne l'envoie chez un spécialiste qu'elle n'aurait pas pu payer. Lorsqu'il fallait vraiment qu'elle consulte, elle n'achetait pas tous les médicaments de l'ordonnance. Cette femme n'était pas la seule dans ce cas. C'est le triste sort des gens qui n'ont pas de mutuelle aujourd'hui, à Grande-Synthe comme ailleurs.

Avec notre dispositif, cette femme paye désormais une vingtaine d'euros mensuels et est couverte. D'autres sont même totalement exonérés quand ils entrent dans le cadre de l'ACS de la Sécurité sociale. Là encore, la mairie les a accompagnés. Nous avons activé avec eux le dispositif de la Sécu ; en tant que collectivité locale, c'est plus facile puisque nous avons un interlocuteur direct. Pouvoir se soigner, c'est retrouver une dignité, changer la manière de regarder son corps. Je suis persuadé que la mise en place de cette mutuelle a enclenché un cercle vertueux. Des maires de communes voisines ont observé ce que nous avions fait et deux ont déjà repris ce dispositif. Il sera bientôt proposé à l'échelle de la communauté urbaine. L'importance du marché potentiel a, en retour, fait bouger les assureurs qui, avant, ne proposaient pas de contrats à la carte, et qui maintenant mettent en avant leurs couvertures personnalisées. On a, encore une fois, montré que c'était possible et initié un changement. En fait, une ville a de multiples possibilités qui souvent ne lui coûtent rien. Il faut juste avoir envie et s'en donner les moyens.

7

Je suis le premier éducateur

Il faisait presque nuit, c'était l'hiver. Une de ces soirées tristes d'après Toussaint. Je revois ces parents entrés timidement dans mon bureau. Ils étaient mal à l'aise. La femme avait les yeux rougis, non parce qu'elle venait de pleurer mais parce que les larmes étaient son lot quotidien.

Ce couple vit ici depuis toujours. Lui travaille, elle non. Personne n'aurait pu rester indifférent à la scène que j'ai vécue ce jour-là. Je suis père, moi aussi, et l'immense désarroi de ces gens a eu une résonance très forte que le temps estompe à peine. Cette femme et cet homme, la cinquantaine, avaient presque honte de me raconter que leur enfant les terrorisait au point que chaque soir ils s'enfermaient dans leur chambre et tournaient la clé. Leur fils était violent, rien ne le raisonnait et le couple craignait même pour sa vie. Jamais ils ne seraient allés au commissariat ; on ne dénonce pas son propre fils… Même pour venir me rencontrer et me confier leur malheur, ils avaient attendu jusqu'à n'en plus pouvoir.

J'ai écouté. Je ne suis pas sûr d'avoir trouvé les mots justes. Même si leur histoire m'a marqué plus que d'autres, ces parents-là ne sont pas les seuls à avoir osé cette démarche de médiation quand le huis clos familial n'a plus été possible. J'ai évidemment alerté chaque fois les services sociaux, mais je me suis surtout dit qu'il fallait innover, casser les codes. Un maire a le devoir de se soucier de l'éducation des adultes et des enfants de sa commune. Sinon qui le fera ?

Après avoir énormément travaillé la parentalité dans les structures municipales de l'enfance et de la petite enfance, après avoir permis le développement d'une école des parents (qui a disparu il y a quelques années, faute de dirigeants volontaires) et d'une association spécialisée, nous avons misé sur l'université populaire pour offrir au plus grand nombre un lieu de réflexion, de rencontre avec les savoirs et les savoir-faire. Nous avons estimé de notre responsabilité de mettre à disposition un lieu convivial, le moins impressionnant possible, avec des rencontres, des débats, pour qu'on arme les adultes, qu'on leur redonne confiance dans leur rôle de citoyens, mais aussi de premiers éducateurs. L'un ne va pas sans l'autre. Bien sûr, je n'allais pas par ce levier résoudre directement le problème d'autorité des parents venus me voir, j'en étais conscient, mais j'ai fait le pari qu'on pouvait réarmer de façon plus globale nos adultes contre les agressions du monde.

Nombreux sont aujourd'hui les pères et les mères qui ressentent le besoin d'une aide à la parentalité. L'exercice s'est compliqué et est inévitablement perturbé par le déclassement social que subissent certains parents lorsqu'ils perdent leur emploi et finissent par vivre des minima sociaux. Ils ont besoin que nous les aidions, les conseillions. Je me souviens que, lorsque j'étais enfant, comme dans beaucoup de familles à l'époque, il y avait un martinet à la maison. Les parents se posaient moins de questions. C'est une période révolue et l'approche de l'éducation se fait autrement… Au passage, je vous rassure, je ne suis pas un enfant battu et le martinet était plus dissuasif que réellement utile à ma mère. D'autant qu'avec mes frères on en a bien fait brûler une bonne dizaine dans le poêle familial.

Depuis 2010, donc, l'université populaire, installée dans une maison pour ne pas être trop impressionnante, organise deux types de rendez-vous, pour que chacun trouve le format qui lui convient. D'un côté il y a des cafés citoyens, de l'autre des conférences-débats. Pour les problèmes spécifiquement liés à la parentalité, une association œuvre en ville dans le domaine de la médiation familiale.

Nous sommes des idéalistes, certes, mais des idéalistes réalistes et ce n'est pas incompatible. Nous sommes conscients que notre public en difficulté ne va pas de lui-même pousser la porte d'un grand débat sur les OGM ou les nanoparticules et prendre la parole au milieu d'une salle de 400 personnes. L'assistance et la tribune avec sa brochette de spécialistes peuvent avoir l'air effrayantes, je le conçois. Beaucoup estiment dans un premier temps que ces lieux de réflexion ne sont pas pour eux, qu'ils ne comprendront pas ce qui s'y dit, que ce sont des débats de spécialistes… Ce qui n'est pas le cas mais une personne en difficulté sociale a bien d'autres urgences que de participer à une réflexion publique sur un sujet de société… Alors, en amont, nous nous devons de leur faire franchir quelques étapes, et de leur redonner confiance dans leur intelligence. Souvent, la personne un peu malmenée par la vie doute de sa capacité à penser. Il faut là encore opérer un travail pour qu'elle retrouve sa dignité enfouie. Beaucoup de Grand-Synthois ne viennent pas à l'université populaire pour réfléchir aux incidences du réchauffement climatique ou à la définition de la laïcité, ils en poussent la porte parce qu'ils ont besoin immédiatement des services d'un écrivain public. Sept personnes assurent là des permanences d'aide aux démarches administratives. Qu'il s'agisse de l'écriture d'un courrier ou de démêler un imbroglio administratif, elles sont à l'écoute, crayon en main.

Ce premier contact est essentiel et nous le travaillons parce qu'il permet de créer un lien entre des Grand-Synthois fragilisés et nous. Les écrivains publics, qui sont très sensibles à ce que la Ville met en place en aval, essaient de convertir la relation établie alors en une nouvelle visite, un investissement sur un autre projet. Ils tentent de faire la jonction avec un « après », afin que le visiteur sorte de son besoin immédiat d'aide et regarde un peu plus loin. Nous sommes persuadés que l'éducation ne se résume pas à l'école. Il faut que la France sorte de l'idée que tout est joué à 18 ans, qu'on est définitivement assigné au bac qu'on a préparé et à la grande école qu'on a intégrée... ou pas. Au XXIe siècle, l'éducation est un processus qui s'enclenche à la naissance et ne se termine jamais. Les pays nordiques l'ont compris. En France la prise de conscience est beaucoup plus lente. Mais là encore, nous voulons montrer l'exemple et inventer des lieux informels où l'on continue d'apprendre, avec bonheur.

Le format le plus abordable est le « café citoyen ». C'est un lieu de discussion libre sans invité. Un entre-soi où l'on parle des transports publics ou des produits chimiques. Le savoir y circule horizontalement, sans que quiconque ait prétention de le détenir. C'est un format rassurant qui redonne confiance en soi, permet de se confronter aux autres. Si cette première expérience est réussie, elle peut déboucher sur une rencontre un soir à 18 heures dans notre grande salle du Palais du Littoral ou notre cinéma Le Varlin, pour une conférence-débat avec des invités. Notre démarche est pensée de façon progressive, parce que Grande-Synthe travaille à l'émancipation de chacun. Je veux qu'à un moment celui qui passait des heures devant la télévision se détache des médias dominants, du discours *mainstream* qui occupe le terrain avec toujours les mêmes chroniqueurs, les mêmes invités. Les statistiques sont assez consternantes puisque les gens hors système qui prônent une autre économie, un contre-modèle, disposent en moyenne de 2 % du temps d'antenne. Pas facile de tomber sur eux, donc, dans les programmes du petit écran. Dans nos soirées en revanche, ils sont présents à 100 % du temps… L'idée est de s'ériger en contre-pouvoir, d'apporter de la réflexion, du dialogue à tous ceux qui ont envie de penser plus large et autrement.

Nos débats fonctionnent à merveille et nous ont déjà permis d'aborder une belle liste de sujets. Le journaliste fondateur de Mediapart Edwy Plenel est récemment venu avec Marwan Muhammad, directeur du Collectif contre l'islamophobie en France, parler de l'islamophobie, justement, une semaine après les attentats du 13 novembre 2015 – 450 personnes étaient présentes dans la salle. Cela a été une vraie réussite. Bien sûr, tous les participants n'étaient pas Grand-Synthois, mais une partie l'était. Et nous applaudissons à chaque nouveau citoyen qui s'investit. C'est une petite victoire. Nous avons eu de beaux moments avec le journaliste Hervé Kempf, spécialisé dans l'écologie, les économistes de la décroissance Serge Latouche ou Jean Gadrey, le scientifique André Cicolella. Tous sont intervenus pour montrer qu'un autre monde est possible. Parfois nous recevons des réalisateurs, comme Jean-Paul Jaud venu montrer ses documentaires, *Tous cobayes* et *Nos enfants nous accuseront*, ou Marie-Monique Robin avec *Le Monde selon Monsanto*. Il est important qu'il y ait du débat dans la ville, que des théories entendues fassent ensuite leur chemin, se diffusent. C'est la vie des idées. Tout le monde ne prend pas un livre pour les découvrir.

On l'a vu plus haut, c'est aussi l'université populaire qui gère les jardins partagés. Cela permet à certains de pousser la porte du lieu parce qu'ils sont attirés par une activité manuelle. En définitive ils vont souvent rester, eux aussi, à un café citoyen, se laisser entraîner à discuter d'éducation, de consommation… Et même s'ils ne restent pas, souvenons-nous de cette belle phrase de Pierre Rabhi, qui rappelle que « cultiver son jardin ou s'adonner à n'importe quelle activité créatrice d'autonomie sera considéré comme un acte politique, un acte de légitime résistance à la dépendance et à l'asservissement de la personne humaine ». C'est aussi pour cela que l'université populaire aide à cultiver les jardins.

Par-delà cette approche « politique » ou « sociétale », au sens noble du terme, nous essayons de créer des lieux pour que ceux qui peinent à s'en sortir seuls dans l'éducation de leurs enfants puissent observer d'autres parents. Nous croyons beaucoup aux vertus de la mutualisation, de l'exemple. Pour cela, nous disposons entre autres de la ludothèque, un bel espace, qui a trouvé place à l'Atrium, un de nos plus vastes bâtiments municipaux. Là, on a accès à plus de 4 000 jeux. C'est un lieu sur lequel nous avons misé car nous croyons dans l'éducation par le jeu. Cela fonctionne tellement bien que l'espace affiche très souvent complet alors qu'il peut accueillir jusqu'à 80 enfants à la fois. Chaque année nos 1 200 inscrits font 12 000 emprunts, dont majoritairement des jeux à règles, les jeux de société. D'un point de vue éducatif, c'est, je trouve, très intéressant et très constructif. Sans parler des économies que cela permet aux familles. Un univers Playmobil ou un coffret de Lego sophistiqués sont hors de portée financière de la plupart des ménages de la ville, or il n'y a aucune raison que les enfants d'ici soient privés de ces jeux dont d'autres disposent chez eux.

Notre réseau d'assistantes maternelles se réunit lui aussi à la ludothèque, ce qui favorise encore l'usage du lieu par les plus jeunes enfants et la mutualisation des gestes éducatifs. Ces femmes sont essentielles au bon fonctionnement de la ville et simplifient la vie des familles. Nous essayons d'ailleurs de développer le plus largement ce mode de garde, que nous estimons plus respectueux du jeune enfant qu'une entrée prématurée en collectivité. Plus tard, lorsqu'il est scolarisé en maternelle, nous évitons là encore les journées trop longues aux très jeunes écoliers en ne leur ouvrant pas la cantine le midi. C'est un choix délibéré, éducatif, auquel je tiens. Certains parents me reprochent cette option. Je reçois des demandes régulières, mais j'estime que nous n'avons pas à imposer notre rythme d'adulte à nos jeunes enfants, qu'il nous faut trouver des solutions pour que ces derniers soient dans un environnement calme qui leur convient. Et c'est possible, grâce à notre réseau d'assistantes maternelles formées et disponibles. En plus, cela donne des emplois à des femmes qui cherchent une formule leur permettant de travailler chez elles.

En fait, chez nous, le chantier de l'éducation est en permanence ouvert. C'est une de nos priorités, et dès que nous le pouvons nous apportons une amélioration ici ou là. J'ai eu la chance d'avoir à mes côtés une excellente adjointe à l'éducation durant treize ans. Corinne Martin était enseignante, formatrice d'enseignants, et avait une véritable vision de l'éducation. Elle a depuis choisi d'arrêter la politique pour des raisons personnelles, mais j'ai la chance, aujourd'hui, d'avoir un directeur de cabinet, Olivier Caremelle, qui a enseigné longtemps en collège et qui préside un réseau spécialisé dans l'éducation. Son expérience et son regard sont d'autant plus précieux que notre souci reste la prévention de l'échec scolaire. C'est trop souvent le premier pas vers un décrochage social. Alors il faut le plus en amont possible aider les enfants à rester en phase avec l'école. Sinon, les plus fragiles versent dans une spirale que les parents ne pourront pas enrayer par défaut d'outils, un engrenage que le système éducatif ne va pas forcément corriger. On sait malheureusement, enquête internationale après enquête internationale, que le système scolaire actuel reproduit les inégalités. Mais s'il n'est pas dans les compétences d'un maire de le réformer, cela ne nous empêche pas d'apporter notre pierre.

Je suis convaincu depuis le premier jour de mon premier mandat – et même bien avant – que l'éducation et la culture sont deux des fondamentaux d'une politique publique. Nous n'avons pas prise sur le contenu des programmes scolaires ; en revanche, nous pouvons faire en sorte que les conditions de travail soient optimales dans les établissements, et nous nous y attachons. Cela passe par des locaux toujours entretenus, par un bon équipement informatique, par l'accès des écoliers aux différents services de la ville, par les coopératives scolaires pour aider les enseignants dans leurs projets pédagogiques. On peut toujours faire mieux, mais je pense que les enseignants sont conscients de nos efforts. Bon nombre d'entre eux choisissent de faire leur carrière à Grande-Synthe.

Quand j'ai été élu, au début des années 2000, j'ai fêté le départ de mon prof de maths du collège. Un vrai pédagogue qui nous avait enseigné le théorème de Pythagore en vers : « Le carré de l'hypoténuse est égal, si je ne m'abuse, à la somme des carrés des deux autres côtés. » Quel souvenir ! Ça m'a un peu ramené à mes années collège. Des années de bonheur avec les copains, d'entrée dans l'adolescence, avec les premiers flirts – qui m'ont valu de redoubler ma troisième. C'était aussi le moment où j'ai recopié tous les textes des Beatles. Un travail colossal, mais j'étais fou de leurs chansons. On dansait dessus, on les chantait tout le temps, on vivait avec ! Aujourd'hui j'ai un peu oublié, mais ça me revient vite quand j'en fredonne une... À part ça, je n'ai pas un grand souvenir des heures de cours des années collège. Ce qui m'aide d'ailleurs à comprendre la distance des enfants d'aujourd'hui à l'égard de ce système qui n'a guère évolué.

Heureusement, dans la commune, les projets pédagogiques développés par les enseignants sont nombreux et inscrits dans le temps. L'avantage d'avoir des enseignants stables, c'est que les initiatives qu'ils développent restent en place des années, se rodent et bénéficient à des générations d'enfants. C'est d'autant plus nécessaire qu'avec ses difficultés sociales notre ville est classée en zone d'éducation prioritaire. Deux des trois collèges sont classés en REP+, le noyau même de l'éducation prioritaire. Les écoles qui les alimentent le sont aussi, ce qui au total représente une bonne partie de notre territoire.

Pour aider les familles, mon père avait mis en place dès son arrivée en 1971 un système de bourses scolaires. Nous sommes sans doute la seule municipalité en France où les collégiens et les lycéens reçoivent une bourse de la ville, sans condition de ressources, de 46 euros en collège et 92 euros après. Comme Grande-Synthe offre beaucoup d'actions sociales, je ne veux pas que les populations qui disposent d'un peu plus de moyens se sentent oubliées, se disent qu'il n'y en a que pour les pauvres. Donc elles aussi bénéficient des bourses scolaires, comme elles accèdent à tout ce que nous offrons à un tarif préférentiel. Cela va des entrées au spectacle à 15 euros aux activités sportives pour leurs enfants. Elles en profitent bien, et nous nous en réjouissons. J'espère, pour la mixité sociale de la ville, qu'elles seront plus nombreuses demain. Si l'on s'arrête sur la cantine scolaire, ceux qui ne gagnent pas beaucoup d'argent et qui ont un quotient familial très bas payent 0,40 euro le repas. Ceux qui gagnent bien leur vie, comme les couples de médecins ou de cadres, payent 1,85 euro pour que leur enfant mange 100 % bio. Ce qui me semble plus que raisonnable. Là encore nous ne souhaitons pas opposer riches et pauvres, il faut une cohésion dans cette ville et la mairie doit y travailler sans cesse. Si nous n'avons pas encore de foyers payant l'ISF, en revanche des cadres, des responsables d'entreprises se sont installés là au fil des ans. Ils sont encore très minoritaires, mais nous avons aussi le devoir de penser à eux, car une politique équilibrée ne doit oublier personne!

Le niveau scolaire n'est pas excellent à Grande-Synthe. La ville compte plus de personnes très bassement qualifiées et moins de hautement qualifiées que la moyenne des Français. La moitié de la population (hors les jeunes actuellement scolarisés) a au mieux un brevet des collèges, alors que ce serait le cas d'un tiers de la population française, si cette dernière était issue des mêmes catégories sociales que la population de ma ville. À l'autre bout de l'échelle des diplômes, seuls 10 % des Grand-Synthois ont au moins un bac + 2, quand c'est le cas du quart de la population française. Comme nous souhaitons favoriser les études, et même les études longues, nous parions sur notre revenu minimum étudiant (RME), qui permet à des fils d'ouvriers d'accéder aux études supérieures.

Mis en place en 1989, le dispositif est constamment amélioré. La ville compte déjà de belles réussites en médecine, en droit, mais aussi à Sciences Po Paris. Le lycée de la ville a d'ailleurs passé une convention avec cet institut plus habitué à recevoir des jeunes Parisiens que des enfants du Nord.

J'aime quand des familles m'abordent et me racontent qu'elles n'auraient jamais eu les moyens de laisser leur enfant partir étudier dans la capitale sans ce revenu étudiant. C'est un résultat concret, un destin changé… Un salaire d'ouvrier, même additionné des bourses nationales, n'autorise pas ce choix. C'est la raison pour laquelle l'argent de la ville vient en complément des autres aides pour les étudiants qui en ont le plus besoin. Il y a par exemple une famille dans laquelle plusieurs enfants ont fait médecine, alors que le père était ouvrier et la mère au foyer. Cette simple idée qu'on peut faire mentir le déterminisme social suffit à me faire passer une bonne journée. Notre revenu étudiant est un moyen d'aider nos adolescents les plus studieux à sortir de l'autocensure.

Plus on descend dans l'échelle sociale, plus la probabilité est grande qu'un adolescent choisisse sa formation ou ses études en fonction de la proximité géographique de l'établissement plutôt que de la matière enseignée. C'est vrai dans l'enseignement supérieur, et plus encore chez les lycéens. Ils ont une propension à choisir une formation très proche de chez eux, même si elle ne correspond ni au marché ni à leurs goûts. Ainsi, à Grande-Synthe, nous avons un lycée professionnel qui forme à l'industrie automobile. Ce serait parfait s'il y avait de l'industrie automobile dans le Dunkerquois, mais ce n'est pas le cas. Alors, le jour où le lycéen est diplômé en industrie automobile, il ne part pas chercher du travail à Valenciennes ou à Maubeuge, parce que pour lui c'est le bout du monde. Il n'arrive déjà pas à sortir de son quartier… C'est un sujet que nous travaillons ensemble. Ce rapport à l'espace n'est pas intangible, à nous de le faire évoluer. Dans un environnement social difficile, avec des parents qui ne sont pas familiers des arcanes de l'institution, des pièges à éviter, il faut que l'apprentissage à l'école se fasse dans les meilleures conditions. Ce à quoi nous veillons. Lorsqu'en 2013 le ministre de l'Éducation, Vincent Peillon, a lancé sa refonte de la journée scolaire, nous sommes entrés dans l'expérimentation dès la première année, alors que nous aurions pu, comme beaucoup d'autres communes, attendre une année avant de nous lancer. En fait, mon père nous avait préparé le terrain. Il avait déjà, lorsqu'il était maire, tenté d'alléger les journées bien trop chargées des écoliers et ouvert une réflexion avec des chronobiologistes et les enseignants. C'était en 1987 et la ville a gardé la mémoire de ce travail qui avait beaucoup mobilisé à ce moment-là. Il n'avait pas abouti parce qu'un enseignant, opposé au changement, avait mené une fronde contre cette idée, et contraint l'équipe municipale à son abandon. En revanche, nous avons senti en 2013 qu'il restait un substrat sur lequel s'appuyer et nous avons gagné du temps. Nous nous sommes lancés et, après quelques tâtonnements, les projets ont trouvé leur vitesse de croisière. Au départ nous avons parfois occupé un peu les enfants, il faut le reconnaître. Mais d'autres villes en sont passées par là. Quand on innove, on a droit à l'erreur. Par ailleurs, nous ne souhaitions pas qu'on refasse la classe après la classe. Aujourd'hui il me semble que nous sommes arrivés à un bon équilibre entre le loisir pur et l'éducatif. Les enfants se lancent dans des jeux collaboratifs, des bricolages savants. Nous avons trouvé ce récréatif intelligent que nous appelions de nos vœux parce qu'il développe des compétences sans être un remake de la journée de classe. Ont été investis 300 000 euros pour offrir des activités de qualité. Nous avons été remboursés de 150 000 euros au titre de la dotation de solidarité urbaine cible.

Le dispositif est appelé à évoluer car j'aimerais que les enfants inscrits à une activité culturelle ou sportive dans la ville en soirée n'aient pas à attendre et puissent enchaîner directement, après la fin de la classe à 15 h 45 ou 16 heures, avec leur activité personnelle. Cela leur permettrait d'être chez eux à 18 heures et de bénéficier d'une longue soirée en famille tout en se couchant tôt. Nous n'avons pas encore résolu ce problème car cela nécessite la disponibilité des entraîneurs des clubs de sport tôt dans l'après-midi. Nous travaillons ce point qui nous amènera inévitablement à nous pencher sur le statut du bénévole. Il faudrait vraiment que ce travail au service de la collectivité soit reconnu à sa juste valeur, ce qui n'est pas le cas aujourd'hui. C'est du ressort de l'État et je regrette que le dossier n'ait pas été traité par la majorité en place depuis 2012.

Celui qui entraîne deux ou trois fois par semaine les enfants au football, les emmène aux matches le week-end, assure des stages pendant les vacances, remplit un rôle social essentiel. Je ne comprends pas pourquoi on ne valorise pas ce genre de tâche. Il va vraiment falloir qu'on aborde autrement le concept d'activité, sinon le compte n'y sera jamais en termes d'emplois dans les années à venir. Ce débat dépasse ma ville, mais il me passionne.

En attendant, nous sommes une municipalité où chaque enfant doit pouvoir faire le sport dont il rêve, sans que les moyens financiers de ses parents soient un barrage. Tout est prévu et conçu en ce sens. Au point même qu'une année d'équitation peut être facturée 100 euros au centre équestre. Pour ce sport d'ordinaire réservé à une élite sociale, la facture est la même que pour tous les sports, loisirs et activités, peu élevée. Cela explique en partie pourquoi un grand nombre de champions sportifs sont issus de la ville, ou y ont fait leurs premières armes. Les footballeurs Rémy Vercoutre, gardien de but à Caen, ou Geoffrey Dernis, à Brest ; le cycliste Bruno Wojtinek, professionnel dans l'équipe de Cyrille Guimard ; la basketteuse Clémence Beikes qui a participé aux Jeux olympiques d'été de 2012, et la danseuse étoile Laura Hecquet. Ils ont tous fait leurs classes ici. Avec nos 7 500 licenciés de 27 disciplines exercées dans 57 clubs, nous sommes une pépinière de champions.

À condition toutefois que les jeunes enfants ne soient pas consignés devant leurs cahiers après leur journée de classe et empêchés pour cette raison de faire du sport... Si certains enseignants continuent de donner des devoirs à la maison le soir alors que ceux-ci sont interdits depuis 1956, non seulement l'aménagement des rythmes ne servira à rien car les enfants seront encore à l'école après l'école, mais en plus nous n'avancerons jamais vers l'égalité ! L'enfant de milieu favorisé n'aura aucun souci pour résoudre ses problèmes puisqu'il trouvera auprès de ses parents l'aide nécessaire. Mais l'enfant de milieu défavorisé, celui dont les parents n'ont pas fait d'études, va galérer une heure de plus sans avancer. Les journées de classe sont assez longues pour que le travail y soit fait. Il faut s'y tenir. D'autres pays y arrivent, et les enfants n'y ont pas un moins bon niveau que le nôtre. Bien au contraire.

Je n'ai pas vraiment de souvenirs de ma scolarité primaire, hormis un moment particulier en CM2. Nous étions en classe de neige. J'étais avec mes bons copains avec lesquels je passais le plus clair de mon temps libre, et avec qui je jouais au basket. Cette année-là l'enseignante était une femme assez exigeante mais gentille. Nous la connaissions bien car elle avait déjà eu notre classe l'année précédente. Elle était quand même du style qui fait mettre à genoux en devant tenir les chaussures de ski à bout de bras les enfants qui ont fait une bêtise... J'étais justement dans cette position inconfortable quand elle m'a fait venir dans ce qui lui servait de bureau. Là, un peu solennellement, elle m'a annoncé que mon père allait devenir le maire de Grande-Synthe. Évidemment, à 10 ans, en classe de neige, j'avais d'autres préoccupations que les activités politiques de ma famille. Je me souviens que l'information a glissé sur moi, qui étais plus intéressé par la levée de ma punition que par la nouvelle.

Pourtant, j'ai compris les jours suivants que le regard qu'elle portait sur moi s'était irrémédiablement modifié avec mon changement de statut. Je n'étais plus Damien Carême fils d'ouvrier, mais Damien Carême fils du premier magistrat de la ville. Après, tout s'est enchaîné. En entrant au collège, je me suis retrouvé dans la meilleure classe de sixième. Pas au regard de mes résultats mais parce que ça aurait pu faire plaisir au maire. Manque de chance, mes parents n'en avaient que faire et moi j'étais plutôt malheureux d'être séparé de mes copains et assis tout près de la fille de l'inspecteur d'académie. Je me souviens qu'elle pleurait quand elle avait un 18 en maths, alors que moi, j'étais heureux quand je décrochais un 12. L'institution scolaire, c'est aussi ça... Tout le monde n'y est pas traité de la même manière, on arrive avec son passif familial.

Alors, à nous la Ville de compenser cette injustice. Nous devons nous dépasser pour armer nos plus faibles, prévenir la difficulté scolaire et le décrochage, anticiper les problèmes le plus en amont. Ici, le dispositif de réussite éducative (DRE) accompagne 48 élèves. Ce sont des enfants issus de quartiers prioritaires et qui présentent des signes de vulnérabilité. Ils sont suivis de la maternelle à la fin du collège, afin d'éviter leur décrochage. Le DRE fonctionne assez bien pour que la mairie veuille l'élargir et le faire démarrer avant. Il nous semble ainsi urgent de travailler le langage le plus tôt possible pour éviter que l'enfant qui ne maîtrise pas un vocabulaire suffisant ait, en arrivant en élémentaire, des problèmes d'apprentissage de la lecture. Pour cela, il faudrait détecter les premiers retards dès la crèche ou à la garderie, ou au plus tard lors de la première année d'école maternelle ; travailler le relationnel, la manière dont on s'adresse à l'enfant, comment on l'accompagne dans la découverte de la vie, quel bagage on lui donne pour appréhender le monde. Il existe des outils à mettre en place. En termes de politique publique, c'est un investissement sur l'avenir, certainement pas une dépense. Un euro mis à ce moment-là est beaucoup plus efficace que la même somme utilisée plus tard, en réparation de ce qui n'a pas été fait plus précocement. Je sais que les enseignants, dès la première année de maternelle, sont capables de diagnostiquer les problèmes à venir d'un enfant, cela signifie qu'il faut qu'on ait une action publique de prévention dès cet âge. Nous sommes en train de poser les jalons de ces politiques en sensibilisant les acteurs et surtout les institutions – conseil départemental ou caisse d'allocations familiales (CAF) – à cette urgente nécessité. Si l'on veut que tous puissent bénéficier pleinement de leur scolarité, il faut en passer par là.

Pour ceux qui auraient glissé entre les mailles de notre filet, nous réfléchissons à mettre en place une école de la seconde chance. Nous n'aurons pas cette appellation car une commune voisine en a déjà une. En revanche, nous travaillons pour mettre au point ensemble un dispositif permettant à l'élève qui n'a pas su saisir sa chance lors de sa scolarité initiale de rebondir.

Il est essentiel que nos jeunes sortent du système éducatif suffisamment formés pour affronter un monde du travail exigeant et sélectif. Aujourd'hui ce n'est pas le cas de tous. Nous avons bien un lycée professionnel censé préparer aux métiers de la maintenance, ce qui est en relation directe avec le bassin d'emploi... Enfin, cela *pourrait* l'être, car la formation scolaire ne convient pas à Arcelor. Comme beaucoup de grosses entreprises, Arcelor forme les employés qu'elle recrute. En revanche, la multinationale attend que les candidats fassent preuve d'un savoir-être, d'une capacité d'apprendre à apprendre. Or, nos bacheliers professionnels de 18 ans n'excellent pas aux tests de logique concoctés par l'aciérie. Ces tests veulent vérifier que chaque futur salarié est bien en capacité de comprendre les changements de process fréquents des machines qui sont utilisées sur le site, et qu'il n'aura pas besoin d'être formé pendant une semaine à chaque modification des procédures. Même forts de leur bac professionnel dans le secteur, les candidats que nous présentons échouent dans 90 % des cas. Arcelor veut des jeunes qui ont une capacité de restitution en cinq lignes d'un film de trois minutes. Je ne suis pas dans la théorie du déclinisme, parce que ces mêmes jeunes sont capables de faire des choses sur ordinateur dont leurs parents n'étaient pas capables et dont moi-même je ne suis pas capable ; je ne porte pas de jugement de valeur quant à savoir s'ils sont plus ou moins intelligents. En revanche, il y a un problème de formation évident, que nous, en tant que Ville, devons tout faire pour corriger. À l'heure actuelle, notre Maison de l'initiative leur propose des modules pour retravailler les apprentissages de base que sont le maniement de la langue française écrite et les maths de première nécessité. C'est essentiel, pour un CV, un test d'embauche et pour la vie... Mais franchement, il serait plus simple que l'école s'attache à ces maîtrises premières. Former à un métier est moins essentiel qu'enseigner comment apprendre et se réorienter, trouver sa voie ; acquérir une autonomie, un sens critique ; développer une analyse. L'école ne doit pas se limiter à préparer de bons petits ouvriers dans ce monde de compétition internationale. On est au XXIe siècle, les métiers évoluent très vite.

Si je me retourne sur mon parcours scolaire, il n'a pas été extraordinaire et ça ne m'a pas empêché de faire des choses que j'aime, et de continuer mon éducation ensuite. D'abord, j'ai redoublé ma troisième. Ma deuxième troisième a été une année facile. Sans travail ni effort, je comprenais tout et, du coup, mon prof de maths voulait m'envoyer en section scientifique, mon prof de français en littéraire. Moi je voulais faire de l'électrotechnique parce que tous mes copains préparaient ce bac technologique. Donc je me suis retrouvé dans un lycée technique avec ses 40 heures de cours par semaine et ses séquences de 5 heures en atelier. Je ne regrette rien car j'y ai appris le métier d'électricien et beaucoup de choses qui me servent maintenant, comme le dessin industriel. En étant capable de lire un plan d'architecte, je pense que j'ai évité quelques catastrophes à la ville, car parfois les projets manquent d'une pointe de réalisme. Personnellement, j'adore ce moment où l'on compare les propositions, lorsqu'on reçoit les résultats d'un concours. Je prends chaque planche et déjà le quartier existe. Les heures passées au lycée à dessiner des maquettes m'ont permis de travailler cette compétence. Même si, à un moment, je m'en suis vraiment lassé.

Comme je le disais, de mon bac je n'ai d'ailleurs décroché que la partie générale. En cours d'année j'avais un peu laissé tomber la partie technique, celle qui servait à former des travailleurs pour l'usine. Je ne savais pas où j'irais, mais j'étais sûr que je ne ferais pas carrière chez Usinor. Et puis j'en avais assez de cet environnement de 2000 élèves dont 3 filles. Alors le midi, avec les copains, nous prenions nos mobylettes, des Peugeot 104, et roulions vers le foyer du lycée de Dunkerque où on pouvait écouter les Beatles avec des filles. C'est là que j'ai découvert Léo Ferré dont je reste très fan. C'était plus épanouissant que l'ambiance atelier !

À la fin de la terminale, comme je n'ai pas eu mon bac, j'ai passé un examen spécial pour entrer dans un IUT et faire un DUT carrières sociales, option animation socioculturelle. À l'époque j'aimais bien l'animation, je fréquentais le club Léo Lagrange, la MJC, c'était un milieu que je côtoyais pas mal avec les copains. Donc j'ai passé l'examen pour entrer en IUT, à l'université Lille 3, et ça a marché.

Vu comme je gérais mon orientation, j'aurais tout aussi bien pu abandonner, ou décrocher avant, durant mes années lycée. C'est pour ça que je comprends le décrochage des jeunes et que je me bats pour leur offrir une seconde chance. Aujourd'hui 46 % des jeunes de Grande-Synthe sont sans emploi, il est de notre devoir de tenter tout ce qui est possible pour les remettre en selle, les réorienter s'ils ont un peu joué à la roulette russe pour choisir une filière, leur mettre un pied à l'étrier ou les aider à combler leurs lacunes. Ils seront la ville de demain, la France de demain.

8

Debout les citoyens

À partir de l'âge de 8 ans et jusqu'à 27 ans, j'ai joué au basket. Ce sport m'a enseigné le sens de l'effort et l'importance du collectif. J'étais à peine descendu de la voiture, ce jour de septembre 1968 quand nous avons emménagé à Grande-Synthe, que déjà un petit voisin de mon âge m'emmenait mettre des paniers avec lui. J'ai tout de suite aimé ce sport et me suis vite intégré dans l'équipe. Après, je n'ai plus lâché. Même quand je faisais de l'athlétisme en parallèle, le basket a toujours primé pour moi. Louper un match était un drame. Ça m'arrivait pourtant parfois parce que notre entraîneur était surveillant dans le collège où nous étions élèves. Dès que l'un de nous perdait quelques points aux interros, il restait sur le banc de touche. C'était assez efficace pour nous remettre au travail, mais le couperet tombait quand même de temps en temps…

Plus tard, pendant les années lycée, on est restés une très bonne équipe, bien soudée, avec un bon niveau. Même avec quelques joueurs surclassés, on gagnait nos matches. On était inscrits dans l'équivalent de la Nationale 1 d'aujourd'hui et on partait jouer assez loin le week-end, ce qui créait une vie d'équipe sympathique. À un moment des matches, mon père, qui venait nous voir quand on jouait à domicile, ne tenait plus et sortait de la salle tant la tension était forte. Une génération après, je n'arrivais pas non plus à regarder mon fils lorsqu'il affrontait un adversaire au badminton. Ou alors c'est lui qui, sentant mon stress, me mettait dehors. À 17 ans il a quitté la maison pour l'INSEP, a eu une belle carrière et a beaucoup donné. C'est difficile pour un lycéen de mener des études en pratiquant un sport de haut niveau. Parfois, il m'appelait à 23 heures, il sortait du cours de maths, moi de la mairie. Je trouvais cela dur pour lui, mais c'était son choix. Lui, il était badiste, moi basketteur, mais dans nos deux cas le sport a été le fil conducteur de nos enfances et de nos adolescences, et j'y ai autant appris qu'à l'école, je crois. Avec ma taille moyenne, j'étais meneur et j'adorais faire participer l'équipe, en distribuant le ballon pour construire un jeu.

Finalement, je continue de jouer à la même place… j'ai juste changé de sport et suis passé en politique. Je construis, je passe la balle et d'autres prennent le relais. On ne se refait pas… D'ailleurs, de la même manière que j'aime les sports d'équipes, j'aime les grandes œuvres musicales pour l'aventure collective qu'elles racontent ; alors que je suis beaucoup moins sensible à la peinture, qui est le fruit d'un travail solitaire. J'aime tous types de musique, du classique au rock ; et dans ma playlist classique, je range en bonne place le *Requiem* de Fauré. On connaît sans doute mieux celui de Mozart, que j'apprécie aussi, mais

Fauré a su donner un souffle extraordinaire au sien. Est-ce parce qu'il a commencé à l'écrire au lendemain de la mort de son père et l'a terminé après le décès de sa mère ? Il émane de cette pièce une profondeur extraordinaire et une harmonie que je trouve quasi parfaite.

Je me dis souvent que ma ville ressemble à un orchestre. J'en suis le chef et les citoyens sont les musiciens. S'ils me laissaient seul derrière mon pupitre, il ne se passerait pas grand-chose, la symphonie ne serait que silence et j'aurais l'air ridicule avec ma baguette. Une ville a besoin d'un leader qui imprime une direction, donne un ton, un rythme ; mais l'alchimie n'opérera que si les citoyens suivent, jouent leur partition. À nous donc de susciter cette envie de faire, ce goût de participer. C'est le pari que je tente de relever depuis seize ans. Je ne crie pas victoire, car il faut chaque jour entretenir la petite flamme que je pense avoir allumée. Il me semble que Grande-Synthe est plutôt une ville citoyenne, un lieu où l'agora est vivante. Le simple fait que les gens se déplacent pour voter et que le candidat FN n'ait recueilli « que » 19 % des voix aux dernières municipales en 2014 est déjà un signe. Ce n'est pas extraordinaire, certes, mais nous nous situons tellement mieux que beaucoup de communes présentant une typologie proche de la nôtre, que cela me réjouit.

Pour en arriver là, il a déjà fallu se retrousser les manches ; offrir des façons multiples et variées de s'impliquer dans la cité. Le temps dont dispose un jeune retraité et celui que peut offrir une mère de famille avec des enfants en bas âge n'ont rien à voir, mais ces personnes doivent trouver matière à s'investir.

Notre dernière innovation, le budget participatif, dont la première édition a eu lieu en 2016, a réuni des profils très différents. Le grand rendez-vous s'est déroulé le samedi 18 juin 2016. Malgré un soleil assez engageant pour envisager un tour à la plage, une des grandes salles de l'Atrium a accueilli 16 des 19 porteurs de projet, venus défendre leur dossier. Ils ont bravé leur timidité pour présenter un dossier qui leur tenait à cœur et qu'ils avaient envie de voir en bas de chez eux, ou ailleurs dans la ville. Tous ces Grand-Synthois avaient saisi au vol la proposition que nous leur avions faite de prendre la main sur 500 000 euros, soit une part significative des 12 millions de notre budget investissement 2016.

En juin, l'ambiance des présentations était conviviale et tous les dossiers ont été à leur tour chaleureusement applaudis. Il faut dire que les projets étaient imaginatifs et voulaient développer la convivialité dans la ville. L'installation d'un sauna et d'un hammam à la piscine municipale a été largement plébiscitée, comme la mise en place d'une pergola et de petits salons extérieurs dans les jardins partagés… Quelques dossiers ont d'abord surpris par leur originalité, avant d'emporter eux aussi l'adhésion. C'est le Mouv'roc qui a le plus intrigué et Vanessa, la jeune femme qui l'a présenté, avait anticipé l'étonnement de son auditoire face à ce concept inconnu. Devant la salle, attentive, elle a expliqué ce que recouvrait ce terme et montré des photos de cette salle de sport de plein air, accessible gratuitement à tous, vingt-quatre heures sur vingt-quatre. Un Mouv'roc est un pilier de béton sur lequel est fixée toute une série d'agrès permettant à une dizaine de personnes de faire en même temps des exercices de musculation. Vanessa rêve d'en avoir un dans son quartier pour que les joggeurs du matin puissent compléter leur séance en pratiquant quelques exercices. Une façon saine de vivre qui répond aux besoins de tous ceux qui ne peuvent s'offrir un abonnement en salle de sport, estimait-elle face au jury.

L'engouement manifesté pour cette première session m'a fait plaisir. C'est d'autant plus impressionnant que les délais ont été très serrés pour se mobiliser et monter un dossier. L'annonce publique de la mise en place du budget participatif a été faite au moment du vote du budget, au mois de mars, et les dossiers devaient être rendus en mai pour leur présentation publique en juin. Les délais ont été tenus et les services techniques de la mairie ont travaillé durant l'été sur la faisabilité de chacun des dossiers. À la rentrée, cela a permis de soumettre les seize idées au vote des habitants. Les porteurs de projet peuvent se réjouir car, l'enveloppe étant suffisante, tout ce qui a été proposé l'an dernier sera réalisé.

Le budget participatif est une belle idée. C'est une façon simple de donner aux citoyens un pouvoir sur leur ville. Cela permet en même temps de mieux faire sentir ce que peuvent être des choix politiques. Avec ce dispositif, les habitants ne font pas que voter pour un maire, ils orientent une partie des dépenses de leur ville. La formule donne un vrai pouvoir aux citoyens en même temps qu'elle leur permet d'appréhender la difficulté de mettre sur pied un projet et d'aboutir à un compromis quand l'idée initiale n'est pas réalisable telle quelle. Je trouve que c'est par certains aspects une école de la citoyenneté.

Le précurseur en la matière a été Porto Alegre, au Brésil. Cette ville a mis en place en 1989 le premier budget participatif municipal. L'opération s'est faite dans le contexte de la démocratisation du pays, après des décennies de dictature. Le Parti des travailleurs (PT), qui a remporté l'élection municipale en 1988, s'est très vite organisé avec les associations de quartier. C'est là qu'a germé le dispositif. L'Union des associations de résidents de Porto Alegre (Uampa) a ensuite aidé à mettre en place un contrôle du budget municipal et les habitants ont élu des représentants qui ont élaboré les projets à réaliser. Là-bas, l'engouement a été total ; il a même marqué l'ouverture d'une ère nouvelle. C'est grâce à cette méthode qu'ont été accélérés le raccordement de certains quartiers au réseau d'égout et la régularisation des titres de propriété foncière de nombreuses familles. Cela a tenu dix ans et les citoyens qui se sont alors le plus impliqués dans le dispositif sont encore en politique aujourd'hui, installés comme de véritables contre-pouvoirs. Ils sont la preuve vivante que la formule a fait durablement bouger cette mégapole.

À Grande-Synthe, pour que cela fonctionne, la balle est dans notre camp. Pour lancer la saison 2017 dans de bonnes conditions, il faut que les réalisations 2016 soient très rapides, afin d'enclencher une dynamique dans la ville. Sinon, les citoyens penseront qu'il s'agit de bla-bla politique et estimeront qu'ils ont mieux à faire que s'impliquer dans ce qui risque de rester de belles paroles sans effet réel sur leur vie. Leur temps est précieux, je les comprends… Aussi sommes-nous à pied d'œuvre sur les demandes 2016. Avec le budget participatif, j'espère que vont s'investir beaucoup de gens nouveaux, et que le dispositif ne réunira pas seulement ceux qui sont dans toutes les instances urbaines de décision. Car Grande-Synthe propose déjà différentes façons de se faire entendre.

Chez nous le conseil des sages fonctionne depuis vingt-trois ans. Il élit un bureau de 35 membres pour six ans. C'est un rassemblement dynamique où tous les adhérents ont plus de 60 ans, condition à remplir pour en faire partie. Une fois par an je les rencontre pour une séance de travail qu'ils préparent soigneusement en me donnant en amont leurs demandes afin que j'étudie les dossiers et leur apporte des réponses concrètes en face-à-face. Ce conseil est un lieu important d'exercice de la citoyenneté senior et un espace de réflexion qui fait avancer la ville. Je le conçois ainsi. C'est d'autant plus important qu'à Grande-Synthe la moyenne d'âge augmente peu à peu. Nous nous étions habitués à être une ville très jeune, avions appris à penser pour cette catégorie d'âge, mais peu à peu le paysage démographique change et nous sommes en train de prendre un virage important en intégrant un peu plus chaque année le troisième voire le quatrième âge et leurs besoins. C'est la raison pour laquelle je trouve essentiel que le conseil des sages me fasse remonter ses observations et ses souhaits : des points aussi divers que le marquage d'un passage clouté effacé, un ralentisseur trop élevé, une boîte aux lettres qui n'est pas à la bonne hauteur si l'on veut poster une lettre depuis sa voiture quand on a du mal à marcher… Parce qu'elles ont plus de temps libre que les actifs, nos personnes âgées sont des observateurs sagaces de la vie urbaine et notent une foule de détails qui nous échappent. Pour fluidifier les relations avec la mairie j'ai permis au conseil de se rendre directement aux services techniques de la ville en cas de besoin, pour y signaler des dysfonctionnements.

Ce même groupe œuvre aussi pour la cohésion intergénérationnelle. Organisés en commissions couvrant des activités aussi différentes que les lectures faites aux enfants dans les écoles ou les ateliers de coiffure dans une résidence pour troisième âge, les membres du conseil des sages n'ont pas peur de se retrousser les manches. Il y a dans cette assemblée beaucoup de pères d'anciens copains, que je connais bien, qui étaient peu présents dans la vie associative avant de lâcher leur emploi et qui sont hyperactifs aujourd'hui. Alors, pour que les générations futures ne connaissent pas le même « délai de carence » avant de travailler pour leur ville, j'ai mis en place un conseil municipal des jeunes il y a un an.

Il est trop tôt pour en faire le bilan. Je reconnais avoir beaucoup traîné des pieds avant de me décider, craignant que ce ne soit un gadget politique, une sorte de truc à la mode qui plaît aux journalistes mais ne fait pas vraiment avancer les choses. Depuis des années, mes adjoints élus plaidaient pour cette création, mais je résistais. Finalement, j'ai intégré un conseil municipal des jeunes dans mon programme pour les élections municipales de 2014, en considérant que c'est un travail grandeur nature sur la citoyenneté, une éducation civique *in vivo*, en quelque sorte. J'espère que cela aidera chaque jeune à prendre conscience de ce qu'est une ville ; que cela lui offrira des clés pour comprendre son fonctionnement et l'incitera demain à aller voter.

Je reste quand même sur mes gardes, surtout lorsque le premier projet qu'ils me proposent est la construction d'un skatepark. Je ne voudrais pas qu'on tombe dans le jeunisme, ni que ce conseil municipal junior ne soit là que pour se démarquer des demandes adultes. Je vais bien évidemment leur construire cette infrastructure, mais avec tous les garde-fous nécessaires. Ils voulaient pouvoir y accéder sept jours sur sept, vingt-quatre heures sur vingt-quatre, j'ai refusé. Ils demandaient que cet espace ne soit pas surveillé, j'ai aussi mis mon veto. La ville a déjà eu des infrastructures de ce type qui ont été squattées et ont rapidement posé des problèmes de voisinage, au point que, pour finir, j'ai dû les faire démonter. Il n'est pas question de réitérer l'expérience à l'identique, comme je le leur ai expliqué. Nous installerons donc ce skatepark dans un hangar surveillé, fermé. Vu l'hygrométrie et la température de la ville, c'est un choix qui optimisera son usage. Et j'aime assez cette idée d'optimisation. Même si ce concept semble sorti tout droit d'un manuel d'économie, il me tient à cœur. Optimiser, c'est d'abord utiliser mieux les potentiels d'une ville et c'est le cœur de ma mission.

Une ville regorge de ressources inexploitées, de talents perdus qui s'évaporent bêtement, et je déteste cette déperdition. Comme tous les gaspillages, cela me gêne parce que c'est un préjudice pour la collectivité comme pour la personne qui le subit. En tant que maire je fais ce que je peux pour lutter contre ce phénomène, mais le chantier est gigantesque et il n'est pas toujours aisé de l'appréhender, par manque parfois d'informations, de relais. C'est d'autant plus vrai que je ne connais bien évidemment pas les talents de chacun de mes concitoyens. Il y a sans doute quelque chose à inventer pour que chacun se définisse en fonction de ce qu'il sait faire… Nous n'avons pas encore assez exploré ce terrain.

Lors de la réhabilitation du Palais du Littoral, notre salle de spectacle, il y a dix ans, j'ai parié que Sabine Despagne, qui travaille au service communication de la ville, nous ferait une signalétique plus belle, plus originale que l'entreprise qui nous demandait 25 000 euros pour nous fournir des affichettes stéréotypées indiquant le vestiaire ou les loges. Lorsque je le lui ai demandé, Mme Despagne m'a répondu quelque peu inquiète qu'elle n'avait « jamais rien fait de tel ». Maintenant, elle peut être fière de ce qu'elle a réalisé.

On ne vient pas y voir un spectacle sans que l'œil soit attiré par l'originalité du design adopté. Sur la façade, « Palais du Littoral » est inscrit en lettres blanches et rouges. À l'intérieur, elle a su conserver ce code graphique dans un style épuré et ludique à la fois. Le blanc est devenu noir pour bien trancher sur les murs clairs et le rouge de quelques lettres sait capter le regard… Notre designeuse a su inventer une harmonie entre sa signalétique et le style global du lieu, mais elle y a aussi glissé une pointe d'originalité. Non seulement elle a fait faire des économies importantes à la ville, mais elle a contribué à la construction d'un de nos plus beaux édifices. Le résultat de son travail prouve qu'il faut faire confiance aux gens, leur donner une chance de co-construire ensemble.

Ici le cœur du réacteur est associatif. De l'Amicale des jardiniers aux Synthois patoisants, en passant par Temps Danse, toutes les activités qui font notre quotidien sont maillées par la vie associative. Plus de 400 associations sont actives dans la ville et nous en subventionnons 160. Nous sommes dans le Nord, sur une terre traditionnellement riche en vie collective, mais c'est quand même plus prégnant à Grande-Synthe que dans beaucoup d'autres communes.

Cela explique sans doute l'ambiance qui règne entre les immeubles alors que 24 % de la population est sans emploi. Nous sommes des êtres d'action et l'associatif est un engagement pour le collectif. C'est pour cela que j'invite chaque habitant à rejoindre le mouvement.

Ce que je vais dire n'est pas nouveau, Hannah Arendt théorisait déjà dans les années 1960 la fin du travail. Mais il faut qu'on accepte le fait qu'il n'y aura plus jamais assez d'emplois salariés pour tous les gens qui recherchent du travail. Donc nous devons inventer un autre modèle, une alternative au travail qui amène à une reconnaissance de la part de la société. Il faut trouver un moyen de valoriser les activités bénévoles. Il y a une vraie différence, pour moi, entre le travail et l'emploi. On ne cesse de parler de la valeur travail, de dire qu'il faut remettre les gens au travail, mais je vois beaucoup de personnes autour de moi qui travaillent et ne sont pas payées pour ça. Je vois des mères de famille au RSA qui passent 35 heures par semaine à faire de la cuisine bénévolement dans des associations. Elles ont un travail. Il n'est pas valorisé parce qu'elles ne touchent pas de salaire, mais elles font un vrai travail qui a une utilité sociale. Je ne parle même pas du camp de la Linière… Là aussi il y a pléthore de bénévoles. Moi-même j'y ai passé une partie de mon été. On sent bien qu'on s'enrichit à pratiquer des activités altruistes. Sans compter que c'est pour nombre de jeunes un moyen de mettre un pied dans une entreprise.

De nombreux salariés de la mairie sont entrés non comme bénévoles mais comme stagiaires ou dans les emplois jeunes à l'époque où la formule existait encore. La plupart d'entre eux sont restés, ont gravi les échelons et certains dirigent aujourd'hui de gros secteurs. C'est le cas de mon directeur de la culture, Ali Duru, un homme qui connaît cette ville sur le bout des doigts et fait, avec mon adjointe au développement culturel, des paris audacieux en termes de programmation. Jamais il ne se trompe parce qu'il connaît son public. Fils d'immigré venu de Turquie en France à 7 ans, Ali Duru a fait des études de sociologie avant d'occuper un emploi jeune, de rester comme chargé de mission, puis de diriger la médiathèque. Quand le poste de directeur de la culture a été vacant, j'ai su instantanément qu'il lui était destiné. Lorsque je lui en ai fait la proposition, il m'a demandé un délai de réflexion, que je lui ai refusé parce qu'il était le candidat idéal.

Dans les couloirs de la Maison communale, notre mairie, on rencontre d'autres profils comme lui : enfance dans une famille ouvrière d'ici, études, envie de faire bouger la ville. Au service environnement, tous ceux qui ont initié la politique de biodiversité sont entrés par des emplois jeunes. Un certain nombre sont restés et portent aujourd'hui encore, à des postes à responsabilité, la dynamique verte qu'ils ont lancée.

Beaucoup s'étonnent en venant ici que les agents municipaux soient tellement impliqués dans leur travail. Moi je ne m'en étonne pas mais m'en réjouis chaque matin ; c'est une de nos forces. Alors comprenez que, quand la CAF m'oblige à embaucher un bac + 5 au poste d'agent de développement des quartiers, cela m'agace. Ici on ne recrute pas des diplômes mais des personnes qui se battent pour une cause, qui ont un idéal. Je dois pourtant me plier à cette exigence parce que les maisons de quartier sont à 40 % financées par la CAF, même si ce n'est pas du tout mon approche du recrutement. J'ai déjà embauché des gens qui sortaient de formations en développement social et ai été obligé de m'en séparer. Ce n'est pas le diplôme qui fait la qualité. Le jeune bachote, il décroche son sésame mais peut ne rien savoir à côté, ignorer ce qu'est un lien, un contact humain, une relation, n'avoir aucune idée de ce que signifie bâtir un projet… Je préfère un jeune qui sorte d'une MJC, d'un centre social, qui ait le sens du relationnel, plutôt que celui qui est juste bardé de diplômes.

Cette ville n'est pas la mienne, je n'en suis pas maître. Elle est la nôtre. Elle appartient aux habitants, mais un jour je partirai et je veux la laisser plus belle que lorsque je l'ai prise. C'est la raison pour laquelle les services de la mairie ne sont jamais seuls décisionnaires sur les plus gros projets de rénovation. Quand j'élabore un programme de rénovation urbaine d'un quartier, j'invite tout le quartier et plus largement la ville. Changer l'équilibre d'un lieu n'a pas un impact limité aux seuls habitants du périmètre. J'anime donc des réunions moi-même parce que j'aime ce rendez-vous avec les envies des Grand-Synthois, on discute du projet, pourquoi, comment ; on avance ensemble sur les scénarios possibles.

Pour la rénovation du quartier du Courghain, j'ai organisé huit réunions publiques avec les habitants. Et j'ai tenu compte de leurs avis ; ils ont fait bouger les plans initiaux. Quand j'ai fait le projet de l'écoquartier, j'ai commencé par constituer cinq groupes de travail avec des experts en transports, en énergie, en architecture, en biodiversité, en traitement de l'eau. Puis j'ai créé un sixième groupe, celui des experts habitants. Nous avons travaillé avec eux tous pour faire la maquette du quartier, le plan de masse qui a été présenté aux Grand-Synthois. Pour leur montrer un exemple d'écoquartier, la ville a affrété deux bus vers un village des Pays-Bas où ils ont pu passer une journée avec des gens qui vivent en écoquartier. Nous avons rencontré les concepteurs du lieu, discuté avec eux. Cela a permis à chacun de se faire une idée de ce qu'il fallait copier ou repenser. À l'issue de ce voyage d'étude, le groupe d'experts a formulé des remarques qui ont modifié les plans initiaux.

Ici les gros projets ont toujours été menés avec les habitants. Soit un programme part de leur souhait et nous le retravaillons avec eux, soit il naît à la mairie et nous l'amendons ensuite avec les premiers concernés. Même pour une salle de sport, nous travaillons avec le local, les associations sportives. Nous les rencontrons d'abord pour déterminer leurs besoins, elles les établissent et nous en discutons.

Cette mise en mouvement des citoyens est essentielle. Ils doivent être acteurs de leur ville. Mon père avait déjà engagé ce mouvement entre 1971 et 1992. Je n'ai fait que renforcer le dispositif, créer de nouveaux outils plus en phase avec le moment. Mais nous avons en même temps des formes très classiques de participation qui fonctionnent à merveille, comme l'intégration des spectateurs au conseil d'administration du cinéma municipal. C'est simple mais redoutablement efficace !

Je porte avec conviction tous ces dossiers. J'aime l'implication des gens du cru. Mais je n'aimerais pas que le balancier aille trop loin et que la démocratie participative efface la démocratie représentative. Je ne voudrais pas que l'intégration citoyenne sous-entende que les élus ne sont pas représentatifs. Ces gens le sont, ils habitent la ville et n'y ont pas un statut d'exception. J'ai dans mon équipe un chômeur, des salariés, des personnes issues de l'immigration. Ce ne sont pas des spécialistes de la politique, des professionnels, ce sont des habitants comme ceux qui proposent des projets au budget participatif ou qui aident à la rénovation de leur quartier. La différence entre eux, c'est que les uns ont été élus et se représenteront peut-être avec leur bilan devant les habitants lors de la prochaine élection ; les autres, eux, n'ont pas vraiment de comptes à rendre. Les positionnements, on le voit bien, ne sont pas identiques mais ils se complètent pour mailler le terrain.

Je suis intimement persuadé que la baisse de la délinquance que nous connaissons depuis une dizaine d'années est le résultat de cette implication tous azimuts. En 2005, trois ans après mon arrivée, nous avons passé un marché pour assurer nos bâtiments publics. Aucune compagnie n'a répondu à notre appel d'offres. Aucune ne souhaitait nous assurer car nous enregistrions trop de « sinistralité », comme ils disent. Après les avoir relancées, l'une d'entre elles a finalement accepté de signer un contrat avec nous mais pour 450 000 euros annuels. C'était un marché de trois ans, alors en 2008 nous avons remis les assureurs en concurrence et là, miracle, huit compagnies ont postulé avec des tarifs autour de 150 000 euros parce que la sinistralité était complètement retombée. C'est une des preuves que la vie à Grande-Synthe a changé.

Et n'allez pas croire que j'ai hypersécurisé ma ville pour autant. Notre police municipale est modeste, je refuse la vidéosurveillance et le port d'armes. Je ne veux pas que l'État se décharge sur les collectivités. Mes policiers ne sont pas formés pour être armés, et moi, je ne suis pas chef de la police. À chacun son métier.

Mes policiers municipaux font du lien. Ils ont un rôle préventif, pas un rôle sécuritaire. Ils sont en charge du maintien de la sérénité dans les quartiers, mettent des amendes quand les gens sont mal garés, reçoivent des familles quand les jeunes dévient… Ils interviennent quand même sur certains faits mais sans armes. Quand je suis arrivé en 2002, j'ai dû doubler l'équipe, qui comptait une dizaine de personnes. À l'époque, c'était nécessaire. Mais au fil des ans, je me suis rendu compte que l'État avait profité de mon initiative pour réduire le nombre de fonctionnaires. Alors, depuis que les choses vont mieux, je ne remplace pas tous les départs en retraite.

Comme je l'ai dit précédemment, le dernier meurtre dans la ville remonte à 2002. C'était un crime raciste. Depuis ce drame, la ville est calme. Il y a bien eu depuis un triple assassinat en août 2014, mais un triste hasard a seulement voulu que Grande-Synthe soit la scène de ce crime qui aurait pu avoir lieu ailleurs. C'était un crime passionnel. L'aboutissement d'un drame qui se noue en juin 2014, à Vieux-Condé, à 130 kilomètres d'ici. Patrick Lemoine tente alors d'étrangler Isabelle Thomas, son épouse, chez eux. Cette dernière dépose plainte pour violences par conjoint et le mari violent est déféré au parquet de Valenciennes qui le place sous contrôle judiciaire dans l'attente de son jugement, prévu pour mi-août.

Alors qu'il n'a pas le droit d'entrer en contact avec son épouse, ni de paraître aux abords de son domicile, il la suit partout et l'inonde de SMS. Le 3 août, se sentant en danger, Isabelle Thomas se réfugie chez ses parents à Grande-Synthe. Le drame a lieu le lendemain. Alors que tous trois partent vers la plage pour se changer les idées, Isabelle remarque son agresseur et appelle le 17. On lui répond qu'un commissariat se trouve à quelques centaines de mètres, qu'elle n'a qu'à s'y rendre… Elle n'a pas encore raccroché quand sa mère est exécutée d'une balle dans la tête, puis son père et ensuite elle. Le meurtrier est interpellé le soir en Belgique. Depuis il s'est suicidé en détention.

Ce drame s'est déroulé sur la place de l'Atrium, à 17 heures, l'heure où les enfants sortent des centres aérés. J'étais dans mon bureau avec mon directeur général des services et nous sommes arrivés très rapidement, avertis par les gens qui travaillent là-bas et ont été témoins des meurtres. Des membres de la famille, il ne reste qu'une fille, Sylvie, dont j'ai fait la connaissance.

C'est un drame passionnel, face auquel j'ai ressenti une grande impuissance. Difficile de faire quelque chose contre cela, sauf, comme Sylvie, en s'engageant dans la lutte contre les violences faites aux femmes, en organisant une prévention en la matière. Trop de femmes subissent des violences conjugales aujourd'hui encore.

9

Le beau c'est pour tous

Je connais par cœur les paysages entre Dunkerque et Paris ; les colzas en fleur, les maïs vert tendre puis grillés par le soleil, les blés dont les tiges s'allongent d'une semaine sur l'autre au printemps. Le train est mon deuxième bureau, un espace où je réfléchis, je relis mes dossiers, à moins que je ne m'autorise à me plonger dans un livre.

Il y a une vraie magie de la lecture dans le train. Un livre ou un auteur restent ensuite associés à un parcours. J'ai commencé à lire Éloi Laurent en allant à un conseil d'administration de l'Institut de l'économie circulaire où je siège, à Paris. Je me suis plongé dans *Plus haut que mes rêves* de Nicolas Hulot alors que j'allais à une conférence au Conseil économique, social et environnemental. Chaque fois que je me rends dans ces lieux, ces livres reviennent à ma mémoire. Le Dunkerque-Paris est une routine qui fait presque partie de mon emploi du temps hebdomadaire puisque la plupart des dossiers se plaident dans la capitale.

Du temps de mon père, la mairie se gérait depuis Grande-Synthe. Quand j'ai été élu, en 2001, il ne comprenait pas que je fasse autant d'allers-retours, ne mesurait pas combien les temps avaient changé depuis la fin de ses mandats. Un élu ne peut plus se contenter de rester chez lui, sauf à priver ses concitoyens de toute une série d'aides, de subventions. Ces allers-retours, ces rendez-vous dans les ministères, auprès des instances européennes, des agences et des administrations, sont une des évolutions de la fonction. Je suis le VRP de ma ville, avec ce que cela induit de nuits passées dans les hôtels, de soirées loin de chez moi et de dossiers défendus bec et ongles auprès des interlocuteurs, que je finis par bien connaître. Je ne m'en plains pas, c'est mon travail et j'aime ces échanges.

Quand je me déplace à vélo dans la ville, qu'un administré m'apostrophe d'un « Hé, monsieur le maire, on ne vous voit pas souvent », j'entends son message. Spontanément, j'aurais bien envie de lui expliquer pourquoi je passe autant de temps loin de Grande-Synthe. Mais je ne suis pas dans la justification. Je préfère rire de sa boutade et utiliser ce moment pour discuter de ses soucis, écouter ce qu'il a envie de me raconter, plutôt que lui faire part de mes combats pour financer la destruction d'une tour ou intégrer un programme de rénovation urbaine. Après tout, il n'a pas forcément envie de savoir. J'ai été élu pour me débrouiller avec ça. À chacun ses préoccupations.

Cet hiver, j'ai ajouté à mon agenda une série de réunions sur l'accueil des migrants, un peu partout dans le pays. Après l'évacuation de la jungle de Calais, fin octobre, des villes, des groupes de citoyens m'ont sollicité pour que j'aille leur raconter l'expérience de Grande-Synthe. Ils sont curieux de savoir comment se passe la jonction entre le camp et la ville, comment les habitants ont réagi à l'installation des Kurdes, comment travaillent les associations. Autant de questions légitimes lorsqu'on veut accueillir, auxquelles notre expérience novatrice permet d'apporter des réponses.

Souvent, des collectifs qui voudraient que leur commune franchisse le pas s'entendent répondre par les élus locaux que « ce n'est pas possible ». Bien des maires craignent la réaction de leur électorat et je comprends leur angoisse. Moi aussi je me suis posé ces questions. Mais mon expérience montre qu'il ne faut jamais étouffer ses valeurs, à condition d'expliquer ce qu'on fait et quel sera le rôle de la mairie. Il est à la fois tout à fait légitime et essentiel que les gens sachent ce qui se passe chez eux.

Grande-Synthe a été précurseur et a inventé un modèle. Mais nous ne sommes pas des doux rêveurs ; nous avons accueilli et continuons de le faire au quotidien dans un espace structuré, avec une association composée de professionnels et de très nombreux bénévoles. Au cours de mon périple en France, dans une dizaine de villes, j'ai pu exposer ces principes et cette organisation. J'espère que mes paroles seront utiles à d'autres et feront des émules…

Devant ces auditoires, je refais en général l'historique de notre lieu d'accueil, la Linière. Je rappelle les difficultés que nous avons rencontrées pour l'ouvrir, le bras de fer avec les autorités. Mais j'aime surtout parler de l'intégration de ces nouveaux venus.

Au mois de juin, nous avons mis en place une scolarisation des enfants dans les écoles de la République, avec les élèves de Grande-Synthe. Un bus prend les jeunes réfugiés chaque midi à la sortie du camp de la Linière et les dépose dans les établissements. Il était impossible de venir les chercher plus tôt pour qu'ils bénéficient d'une journée complète car les tentatives de passage vers la Grande-Bretagne ont lieu la nuit et décalent sur la matinée le sommeil du camp. C'est la raison pour laquelle nous avons adopté ce principe de la demi-journée de classe, qui a bien fonctionné avant les vacances d'été. Nous devions redémarrer en septembre, mais dès le mois d'août, une des enseignantes qui avaient reçu des réfugiés en juin a souhaité anticiper la rentrée pour occuper utilement les journées de ces enfants. Un geste d'une extrême générosité qui reflète la grandeur d'âme de tous les bénévoles.

En septembre, j'ai même dû m'expliquer auprès d'enseignants qui auraient aimé accueillir des enfants du camp dans leurs établissements et se désolaient qu'on ait choisi d'autres écoles. Chacun veut participer à cette action collective. C'est une belle victoire de la ville entière.

En fait, les villes sont inquiètes avant d'accueillir. C'est à ce moment-là qu'il faut dédramatiser, parce qu'une fois que les réfugiés sont arrivés, tous les préjugés s'envolent. Un « réfugié », un « migrant », ces mots sont très conceptuels dans l'absolu, mais derrière les idées, il y a des personnes, des rencontres. Nos Kurdes de Grande-Synthe sont des gens comme vous et moi qui sont arrivés là sans bagages. Ce sont des familles qui jusque-là menaient une vie tranquille en Syrie, en Irak ou en Iran, et ont tout à coup été contraintes de tout abandonner. Dès que le premier contact est établi, la glace brisée, les craintes de l'autre disparaissent. Encore faut-il que cette rencontre puisse avoir lieu ; c'est la raison pour laquelle je veux servir de facilitateur.

À cause de ce programme chargé, j'ai peu de loisirs dans ma ville. Je ne suis pas du genre à faire les marchés ou le tour des cafés pour serrer des mains. Je n'aime d'ailleurs pas vraiment cette manière de pratiquer de la politique ; elle ne me correspond pas. Je vis dans ma ville une vie de citoyen comme les autres et je ne fais pas de tournées électoralistes. Je vais au supermarché pour faire mes courses comme tout le monde. Et si je n'ai rien à acheter, je n'y vais pas. Bien sûr, je participe aux manifestations que nous organisons le week-end, mais c'est par goût, par envie. En soirée, j'essaie d'aller au match de football ou au spectacle, dans le cadre de mes sorties personnelles. Je tiens à payer mes entrées. Le statut d'élu ne doit pas donner droit à des privilèges.

J'aime ces lieux que sont les stades, les salles de sport, les maisons de quartiers et le Palais du Littoral. Ce dernier a été construit dans les années 1970, du temps de mon père. En 2007, nous l'avons totalement rénové. Il n'y a qu'à voir son allure générale. Il est entouré d'oyats, cette plante dunaire qui résiste aux vents les plus fous, et ploie dans un joli mouvement sous la brise ou la bise. Le bâtiment ressemble à un grand navire échoué sur un banc de sable, avec son bardage qui s'est grisé au fil des ans et ses lettres audacieuses au fronton, en rouge et blanc. J'aime prendre mon temps en arrivant vers lui, pour le contempler de loin, déjà, et chaque fois que je le peux, j'essaie d'y être un peu avant le spectacle, pour profiter de l'ambiance. Ce bâtiment a une âme. Il est à la fois imposant et totalement fondu dans le paysage. Son hall est calibré pour être un lieu de rencontres et accueille de plus en plus souvent des expositions, même si nous avons d'autres espaces pour ça. Avec sa lumière naturelle, son béton brut, les œuvres présentées y sont bien mises en valeur. Les gens ne s'y trompent pas et répondent volontiers à l'appel, quand il y a une cérémonie. Il est important de disposer d'un aussi beau lieu. Pour être monté sur bien des scènes durant mes dix années de spectacle, je sais le plaisir qu'éprouve l'artiste à se produire dans un lieu bien pensé. On ne donne pas une pièce, un concert ou un one-man show de qualité n'importe où… Or, musiciens, comédiens ou comiques, tous nous disent eux aussi que ce Palais dégage une atmosphère propice au partage, à la relation avec le spectateur.

Récemment, j'y ai vécu plusieurs soirées extraordinaires à écouter Imany, Manu Katché ou Richard Bona. À Grande-Synthe, la musique est plurielle, comme le sont les gens. Une bonne programmation est pensée pour faire venir des publics très différents. C'est pour cela qu'on joue aussi bien du classique revisité comme le *Candide, si c'est ça le meilleur des mondes*, de la compagnie Drôle de Bizarre, que des musiques du monde. Les adaptations contemporaines de grands classiques rencontrent un vrai succès, mais la variété, les one-man shows ou le burlesque aussi. En général nous sommes pratiquement complets pour la saison avant que le mois de septembre se termine… Le goût du spectacle est ancré dans la mémoire populaire du lieu. Je pense même que, pour comprendre ce lien fort de l'agglomération de Dunkerque au spectacle, il faut remonter à la tradition du carnaval.

Ici, la pratique débute à l'aube du XVIIe siècle. À cette époque, les armateurs offraient un repas, une fête et la moitié de leur solde aux pêcheurs qui s'apprêtaient à lever l'ancre pour six mois de pêche à la morue en Islande. Beaucoup seraient perdus en mer ou feraient naufrage. Il y avait donc un risque que ce soit leur dernière soirée à terre et ce moment était vécu comme tel. Vous imaginez l'ambiance.

Quand, après les attentats de janvier 2015 – *Charlie Hebdo* et l'Hyper Cacher –, je me suis demandé comment, à mon niveau, sur mon territoire je pouvais lutter contre l'obscurantisme et la radicalisation, un seul mot m'est venu à l'esprit : la culture. Donner encore plus de moyens à la culture plutôt que verser dans le tout-sécuritaire.

L'éducation est essentielle et ne doit laisser personne sur le bord de la route, nous le savons tous, nous les élus locaux. Tous ceux que le système exclut se sentent stigmatisés et c'est très mauvais pour la société. C'est un combat difficile, de long terme, qui nous mobilise. Début 2015, j'avais envie d'une réponse immédiate ; alors j'ai tout de suite proposé de geler le budget municipal de la culture, au moment où tous les autres, hormis celui de l'éducation, baissaient de 7 % en raison des baisses de dotations de l'État. Il s'agissait pour moi de mettre un accent plus prononcé encore sur la citoyenneté et le vivre-ensemble. Ce n'était pas un secteur oublié dans notre politique urbaine, loin s'en faut. Pourtant, il était important de lui permettre d'être encore plus présent en pourcentage de nos dépenses.

Un spectacle est une respiration dans la ville, il apporte une parenthèse dans le quotidien. C'est essentiel quand on sait la dureté d'une vie au RSA. Mais la culture va plus loin qu'un moment de bonheur, elle permet à chaque spectateur un travail sur soi, c'est un moyen pour chacun de grandir, de s'émanciper. Elle permet d'affiner ses valeurs, ses fondamentaux. Elle prône l'ouverture, la tolérance, le vivre-ensemble. C'est l'occasion de favoriser les rencontres, les échanges. C'est aussi un moyen de développer la curiosité, le sens critique, et de participer à la cohésion sociale. Pour atteindre ces objectifs auprès du plus grand nombre, il nous faut transformer en spectateurs ceux qui n'osent pas, ne s'estiment pas autorisés à fréquenter une salle. À nous de les y amener en leur faisant parfois prendre des chemins détournés.

Avoir une bonne programmation pour enfants est un moyen d'attirer les parents. Le Palais du Littoral peut intimider, je le conçois. Tout le monde ne se permet pas d'emblée de venir voir un spectacle pour soi, fût-il gratuit. En revanche, personne ne peut refuser que son enfant soit l'invité de la ville, et ça fonctionne très bien. J'ai beaucoup de souvenirs de ces spectacles, et d'un en particulier.

Comme ils le font régulièrement, nos agents de développement accompagnaient ce jour-là quelques familles à un après-midi jeune public. Moi aussi je venais en spectateur. Déjà, dans le grand hall, j'ai vu les yeux des enfants s'écarquiller. Les parents, eux, avaient tendance à se recroqueviller, à ce moment-là, impressionnés par la majesté des bétons bruts et les volumes de l'entrée. Cette réaction s'est estompée quand ils ont pris place dans les fauteuils. Au Palais du Littoral, chacun est reçu comme un personnage important, c'est essentiel pour accéder au statut de spectateur. Une fois franchie la porte, il n'y a plus de chômeur en fin de droits, ou de femme qui élève seule ses enfants avec ses allocations. On laisse au vestiaire ses vêtements de l'extérieur. Face au spectacle, il n'y a que des pères et des mères offrant le meilleur à leurs enfants. C'est une métamorphose nécessaire pour profiter du moment et pour qu'ensuite l'adulte revienne voir un spectacle.

Même si j'adorais les artistes programmés ce jour-là, le vrai spectacle, pour moi, a moins été sur scène que dans la salle. J'ai été happé par le regard des parents sur leurs enfants. Eux ne voyaient rien de la représentation, ou si peu. Le bonheur de leurs enfants était leur seule préoccupation, leur spectacle. Et moi, j'ai passé mon temps à observer ces adultes fascinés par la concentration de leurs petits, bouche bée devant la scène. Ces pères et ces mères malmenés par la vie, aux finances exsangues le 10 du mois, étaient si fiers que leur progéniture puisse être là, qu'elle accède à la culture comme les enfants de l'enseignante ou du médecin. C'était une valorisation extrême, une revanche sur la vie. J'ai même vu couler des larmes sur les joues de plusieurs mamans. Des larmes de bonheur car la culture c'est aussi magique et aussi fort que ça. Moi, ça ne me laisse pas indifférent. Je crois que je comprends ce qui se joue là, et ces larmes de bonheur sont une des plus belles gratifications pour un élu. Elles sont aussi une motivation concrète pour ne rien lâcher sur le sujet de la culture.

Après avoir amené les enfants dans ce lieu, certains parents y reviennent seuls. Pas tous, bien sûr. Mais chaque fois que l'un d'eux franchit le pas, c'est une victoire. Les familles en difficulté peuvent demander un Pass Culture qui leur donne un accès gratuit aux spectacles. Mais personne ne fera la démarche à leur place, il faut qu'elles viennent au point accueil de la mairie, où elles constituent un dossier familial, valable aussi bien pour la cantine scolaire, la carte culture, que les sports. Comme ça, nous avons leurs coordonnées et nous pouvons les aider, les guider dans leurs choix. Après, à elles de gérer l'équivalent d'un chéquier de 96 euros, qui ouvre des entrées à tous les spectacles. Nous en distribuons 500 chaque année gratuitement. Pour ceux qui ont des petits moyens, mais peuvent payer, c'est à 3 euros l'entrée, et le prix maximal, pour nos cadres, est de 15 euros. 50 % des spectateurs viennent des communes voisines et c'est très bien. La salle est grande avec ses 450 places et nous aimons la remplir.

Et puis, la ville de Grande-Synthe a été longtemps stigmatisée. Elle est restée des décennies perçue comme une ville de banlieue avec ses problèmes de jeunes, sa forte concentration de personnes issues de l'immigration, son taux élevé de logements sociaux. Lorsque les gens qui la mettaient dans cette catégorie font la démarche de venir au spectacle à Grande-Synthe, que leur voiture n'est pas brûlée, pas détériorée sur le parking, que l'ambiance est bonne, qu'ils restent après boire un verre, c'est formidable. Cela contribue à changer l'image de la ville... Tout le monde y gagne.

Quant aux Pass gratuits pour la culture, ce sont juste des recettes que nous n'emmagasinons pas. C'est tout. Si nous ne les distribuions pas, les familles concernées ne viendraient pas. En leur offrant cette chance, nous les mettons dans une démarche positive. Elles peuvent être accompagnées par des travailleurs sociaux de terrain, des agents de développement, des agents d'accueil dans les maisons de quartier qui font la promotion du dispositif. Je veux que tout le monde puisse aller au spectacle, éteigne sa télévision et vienne voir des vedettes de la scène nationale. Nous proposons cela aux gens, et même nous les embarquons pour devenir eux aussi comédiens ou danseurs.

Il y a quatorze ans, nous avons lancé un gros travail sur la ville et son histoire, dans lequel les gens se sont bien investis. En 2003, la Compagnie des mers du Nord, en résidence, a travaillé avec trente familles qui ont raconté leur histoire, leur parcours migratoire, leur ancrage au Maghreb, ou celui de leurs parents, leur installation et leur vie ici. Le travail de mémoire a été important, bien mené, et Brigitte Mounier en a tiré un spectacle mettant en scène la vie de ces familles. Elle raconte ce poids de l'exil que les premières générations portent tous les jours encore et qui revient en boomerang sur les deuxièmes ou troisièmes générations, l'arrivée à Grande-Synthe, le travail à l'aciérie. Souvent s'y ajoutent ensuite le chômage et les espoirs perdus.

La représentation en 2004 de *Synthe Saga* – c'était le nom du spectacle né de ce travail – a créé un mouvement extraordinaire. Le public a pleuré de voir sa vie projetée sur scène, mise en avant comme ça, avec ses souffrances. Tout l'apport à la société française qu'on tait d'ordinaire apparaissait là comme une évidence. La révélation, pour beaucoup de gens ici, qu'ils pouvaient être des personnages de scène a été un choc salutaire qui a soudé la ville autour de son histoire.

À l'automne 2016, la compagnie a réitéré l'expérience, différemment, mais avec autant de force et de talent. Cette fois, elle a travaillé avec les enfants de ceux qui avaient joué en 2004. Dix jeunes ont interprété leur propre rôle, de deuxième génération de Grande-Synthe, avec des témoignages poignants sur leur vie. C'est très local, et en même temps complètement universel. Chacun s'y retrouve et, en termes de cohésion sociale, cela permet de faire un grand pas.

Cette même Compagnie des mers du Nord a aussi réalisé avec les habitants, il y a quelques années, une série de courts-métrages dans le cadre d'un dispositif développé avec la CAF et la régie de quartier de la ville. Là encore j'ai été assez bluffé. Je connais les habitants qui jouaient les scènes. Je sais la situation compliquée qui est la leur, en termes financiers. Je suis leurs amours contrariées avec le monde de l'emploi, aussi je m'émerveille qu'ils aient libéré assez d'énergie pour tourner ces sketches. J'espère que ça les a sortis de leur quotidien. J'avoue que ça m'a ému de les voir là et que j'ai même pleuré à la fin de cette projection.

Je n'ai pas grandi dans la culture et pourtant j'aime profondément le spectacle vivant. Je l'ai pratiqué et je souhaite que tout le monde à Grande-Synthe en bénéficie. Au Palais du Littoral, nous offrons 35 spectacles à chaque saison avec une vraie diversité pour nous adresser à tous. Il faut que chaque fois le spectateur puisse construire un pont entre lui qui est assis là dans son fauteuil et l'artiste à quelques mètres sur scène. Avant qu'Ali Duru ne soit directeur de la culture, je suis allé moi-même pendant quelques années à Avignon choisir les spectacles de l'année. Corinne Martin, mon adjointe d'alors à la culture, s'y rendait aussi. Nous étions très complémentaires. C'était de la folie, quand j'y repense, de ne pas déléguer cette mission, mais je n'y parvenais pas totalement parce qu'il me semblait essentiel d'offrir des spectacles forts qui résonnent bien au-delà du Palais du Littoral. Une pièce marquante, un one-man show qui décoiffe, c'est un bagage pour la vie. On a tous des répliques qui nous accompagnent chaque jour. Parce que la culture est un moyen de reprendre le pouvoir sur sa vie.

Le beau, ça nous change. Dans ma fonction de maire, j'essaie d'avoir toujours cela à l'esprit lorsque je redessine ma ville. En tout cas, je sais qu'on peut faire du beau logement social et j'espère bien que mes seize ans ici à la tête de la mairie ont contribué à le prouver.

À Grande-Synthe, nous disposons de 64 % de logement social, et nous nous battons tous les jours pour que ce soit du haut de gamme. J'en fais un combat personnel car j'estime que justement, parce qu'ils ne peuvent s'offrir tout ce qu'ils veulent au quotidien, les gens les moins riches doivent disposer d'un bel appartement, confortable et économique. Je me refuse à construire des résidences mal isolées qui coûteront cher à chauffer – l'antithèse de mon approche. Il faut du beau et de l'économique. Ce sont les deux conditions que j'impose aux constructeurs et ce ne sont pas deux termes antinomiques. Bientôt, notre écoquartier sera un modèle du genre mais, déjà, tout ce que j'ai fait reconstruire a été pensé pour n'être ni massif ni monotone. Nous avons été la seule ville à jouer la permanence des canaux, alors que tous les voisins les ont enfouis sous terre. Ces 7 kilomètres de watergangs donnent une âme à nos rues et nos quartiers. Cela ne coûte pas grand-chose et voir l'eau s'écouler est apaisant ; un gage de sérénité.

En 1974, mon père avait emmené les habitants aux Pays-Bas et en Belgique pour décider s'il fallait ou non enterrer les bras d'eau qui traversaient la ville. Nous sommes sur un polder, comme les Pays-Bas ou la côte belge, nous avions le choix. Aujourd'hui, le rapport à la nature a changé et on applaudit ce qui hier n'allait pas de soi. C'est la même chose pour les espaces verts. Ils ont été pensés pour apporter une respiration visuelle dans cette ville trop proche des usines. Au début, ils avaient l'air un peu accessoires, comme plaqués là, mais les gens apprécient désormais d'y cultiver les jardins partagés, de fleurir les bas d'immeuble, ou de les planter de légumes. La mairie impulse cela, mais les habitants s'en sont très largement saisis parce qu'ils se sentent concernés par la beauté de leur ville. Il faudrait cesser de croire que parce qu'on n'a pas d'argent on n'a pas non plus de goût. Il est quand même étrange de vivre avec de telles caricatures en tête au XXIe siècle !

10

Posséder, c'est dépassé

Avez-vous déjà suivi les nervures d'un morceau de bois ? Senti la perfection d'une planche poncée au grain fin ? Vous êtes-vous arrêté pour rêvasser sur l'origine de ce nœud qui casse le fil d'une planche et raconte un mystérieux accident dans la vie de l'arbre ? Le nœud est un défaut, certes, mais c'est ce qui fait l'originalité, le caractère unique d'une pièce de bois. J'aime ce matériau, les histoires qu'il raconte, et j'aime scier, poncer, sentir ce moment où la pièce brute, venue tout droit de la nature, passe dans le monde artisanal. Le bois est capable de mettre en valeur le travail que l'homme fait sur lui. C'est un matériau gratifiant.

Pendant deux ans et demi, j'ai passé mes soirées et mes week-ends dans un hangar, à retaper un bateau. Là, j'ai connu le privilège de découper, ajuster et poncer de l'acajou, du teck, des membrures en chêne avec le respect dû à ce bois noble ; un véritable artisanat d'art qui ne m'a pas laissé insensible.

Je ne suis pas professionnel, n'ai pas étudié l'ébénisterie. Pourtant, je pourrais peut-être me recycler dans ce secteur. Ce goût m'est venu avec l'âge. Dans mon appartement, presque dépourvu de meubles, j'ai réalisé une bibliothèque pour me prouver que je saurais faire les queues-d'aronde. J'ai relevé ce défi comme celui de la restauration de ce magnifique 9 mètres, un dragon du nom d'*Attila*.

Je ne me suis jamais rêvé en capitaine, mais lorsque je vivais avec ma première épouse, lorsque ma fille et mon fils étaient encore petits, nous passions nos étés avec un groupe d'amis à Leffrinckoucke, une plage très calme de l'autre côté de Dunkerque. Un jour nous avons décidé d'inscrire les enfants au club de voile, pour les occuper. Finalement, cela leur a moins plu qu'à nous, les pères, et nous nous sommes mis à sortir en mer le plus souvent possible.

De fil en aiguille, nous avons acheté en commun un dériveur, pour ne pas être tributaires des horaires du club. Plusieurs étés ont passé ainsi, durant lesquels nous naviguions pour nous divertir, mais avec un vrai goût pour ces moments de vérité où l'on regarde une vague arriver sur soi, où l'on est seul et ridiculement petit sur les flots. En 1992, j'ai eu l'occasion d'acheter un superbe 9 mètres en acajou. Avec un de mes amis, nous avons franchi le pas ; ç'a été un coup de foudre. Le voilier était en très mauvais état, certes, mais sa ligne extraordinaire nous a tout de suite séduits. Comme j'avais beaucoup de temps libre, ayant quitté mon emploi et repris une formation d'informaticien, je me suis consacré à sa réparation. Travailler la matière m'offrait un équilibre à cette période où ma vie était centrée sur les études. Bricoler, c'est s'extraire d'un monde en kit où tout est prêt à consommer. Cela offre un recul que je trouve salvateur, régénérant pour l'esprit et sain pour notre rapport à la matière. Nous sommes ce que nous faisons. Ce que nous produisons nous donne une emprise sur le monde.

En 1995, j'ai passé la neuvième et dernière couche de vernis et nous l'avons remis à l'eau. Un moment solennel et festif à la fois. J'avais tellement patiné les boiseries qu'elles ressemblaient à des miroirs. Je crois que je n'ai jamais été plus fier d'une réalisation manuelle. Ma famille était présente, bien sûr, et un copain était même venu avec sa cornemuse. Grand souvenir.

Sur les flots, *Attila* était parfait et aujourd'hui encore il me reste de lui l'intensité du temps passé en mer loin de tout. Ce ressourcement est trop rare dans nos vies urbaines et cette relation aux éléments me manque. Quand on est seul au milieu des vagues, on comprend mieux la place de l'homme dans l'écosystème. Fini, le péché d'hubris, le fait de se croire tout-puissant et maître de la planète.

Je suis un urbain. J'ai toujours vécu en ville et j'aime la ville. Mais il ne faut pas se laisser griser par le pouvoir qu'elle semble nous octroyer. En tant que réalisation humaine, la ville donne ce sentiment dangereux que l'univers entier peut nous obéir puisqu'on a été capable de créer un lieu de civilisation sur un espace où hier il n'y avait rien. Lorsqu'on se retrouve en pleine mer, on lit différemment les équilibres, et c'est salvateur, car cela nous remet à notre place. J'ai ressenti la même chose avec la force de l'air, en faisant du parapente. L'homme peut s'adapter, chercher les courants, s'y glisser… Mais face à la nature, il faut qu'il cesse de croire qu'il a tout pouvoir. Ces sports de plein air sont des leçons de vie. Parfois je me dis qu'on ferait bien d'en ajouter au programme de l'ENA, cela affermirait sans doute la conscience écologique de certains.

En 2001, lorsque j'ai été élu maire, j'ai revendu ma part du bateau. Il me fallait être raisonnable, c'était trop pour que je continue de m'en occuper sérieusement. La ville ou la voile, il a fallu choisir, car il était impossible d'être dans deux aventures fortes en même temps. Un bateau comme *Attila* s'entretient tous les hivers, et je n'aurais pas supporté de faire les choses à moitié. Je n'ai pas versé de larmes, mais *Attila* fait partie de mon expérience de vie et j'aime toujours le voir, amarré dans le port de Dunkerque. C'est son berceau puisque c'est là qu'il a été construit. Même vu du quai, il garde cette ligne que je reconnais entre mille. J'ai la chance que cet ami qui le possède désormais m'invite régulièrement à naviguer avec lui. Les rares fois où je m'autorise ce loisir, je ressens l'immense joie de renouer avec un épisode révolu de ma vie. Je me suis fait plaisir en redonnant à ce voilier sa beauté originelle, mais ne me rappelle même pas avoir eu de pincement au cœur en m'en séparant. Être propriétaire ne m'intéresse pas. Ce que j'aime c'est agir sur les choses, les objets.

J'avais déjà vécu une expérience similaire, moins forte sans doute car moins esthétique mais du même ordre, quand, à 18 ans, j'avais mis de l'argent de côté pour l'achat d'une 203 Peugeot. Nous étions plusieurs copains à nous offrir une voiture d'occasion au même moment avec l'idée d'en refaire entièrement le moteur. Aucun d'entre nous n'avait fait d'études de mécanique, c'était notre petit défi d'alors. Nous nous étions procuré les notices techniques et nous sommes très bien débrouillés avec. On a donné une seconde vie à ces épaves. Ma voiture me servait à l'époque pour aller en cours à l'université à Lille, mais là encore l'idée était moins de la posséder que de la remettre à neuf. Je crois foncièrement que l'homme est un artisan. Bien sûr, il produit et défend des idées, mais son rôle ne doit pas s'arrêter là. Il est bâtisseur, réparateur, et doit prouver qu'il sait agir concrètement sur le monde en le respectant. C'est ce chantier gigantesque que je prolonge aujourd'hui depuis mon fauteuil de maire. C'est le même ressort qui est à l'œuvre. Les discours ne sont que des points d'ancrage de l'homme politique. Ils ne doivent jamais devenir centraux dans une carrière, l'important reste ce que chacun réalise. La politique de la « petite phrase » est l'antithèse de cette approche. Il faut en sortir et reprendre la main sur l'action. Des actes, des actes, ai-je envie de dire. Et j'aimerais bien que les grands médias se focalisent plus sur les réalisations de terrain que sur le bla-bla. Nous sommes ce que nous faisons. Tout le reste n'est que du vent.

Je suis membre de l'Institut de l'économie circulaire, un espace où l'on travaille pour fournir des modèles permettant de sortir de l'économie de gaspillage dans laquelle nous baignons chaque jour. Dans cet organisme assez atypique, qui réunit des patrons, des politiques, des militants environnementaux et toutes sortes de profils, nous réfléchissons aux manières de découpler la croissance économique de l'épuisement des ressources naturelles, par la création de produits, de services et de politiques publiques innovants. Cela passe par une réflexion sur l'allongement de la durée de vie des objets que nous consommons sans vergogne, par leur réemploi, leur transformation ou leur recyclage. Nous nous penchons aussi sur l'éco-conception sans toxiques ni obsolescence programmée. Éco-concevoir un produit, c'est minimiser son impact sur l'environnement en prenant en compte toutes les étapes de la longue vie qui doit être la sienne. Il faut que dès sa conception il soit inscrit dans cette économie que nous appelons circulaire, qui permettra son retraitement final, après des réparations qui auront prolongé sa durée de vie, ou le temps de ses différentes vies.

En parallèle, l'institut valorise de nouvelles formes de consommation en s'intéressant à l'économie de la fonctionnalité. J'aime beaucoup ce concept qui repose sur le passage de la vente d'un bien à la vente de son usage, la valeur d'un produit résidant désormais dans sa fonction et non plus dans sa possession. J'essaie de populariser cette logique qui encourage la mutualisation des biens de consommation dans la ville. Nous avons une belle marge de progression, mais je sens que le terrain est prêt. Il suffit de poser les bonnes questions. Et par exemple : pourquoi trouverait-on normal de louer une voiture et étrange de louer une perceuse ?

Nous ne sommes pas suffisamment conscients de nos gaspillages. Je ne prends pas au hasard l'exemple de la perceuse. Un jour à l'Institut de l'économie circulaire on nous a présenté une étude menée par la firme américaine Black et Decker sur la durée effective de fonctionnement de cet outil. La marque a mené une enquête auprès de ses acheteurs de perceuse et a conclu qu'avant d'être mis au rebut cet outil ne fonctionne de façon effective que durant 12 minutes. Est-ce bien raisonnable au regard de nos finances personnelles et du respect de la planète ? Car il a fallu des matières premières pour la produire. Dans une société où le moteur est la consommation, je comprends cette logique de la possession, mais il faut sortir de cette façon de penser si l'on veut stopper notre course effrénée vers notre perte. Car finalement on n'a pas vraiment besoin de posséder une perceuse, ce dont on a besoin, c'est de faire un trou.

Cette donnée a eu une résonance forte en moi. J'ai regardé ma perceuse autrement. Même si je pense avoir explosé le temps moyen d'utilisation – puisque la mienne a servi à monter au moins huit cuisines achetées en kit par mes frères et des copains –, je suis plus que jamais persuadé qu'on s'encombre bien trop. Aussi, il serait bien plus sage pour nous, élus locaux, de développer des systèmes permettant à nos concitoyens d'acheter le droit de disposer d'un objet, plutôt que de laisser chacun acquérir ces outils qui dormiront dans leurs placards.

C'est une petite révolution que Grande-Synthe a engagée sans attendre mon arrivée à la mairie. Depuis les années 1990 un centre d'expression manuelle met à disposition des habitants des machines pour travailler le bois ou l'acier. Il suffit d'apporter sa matière première et, encadré par des bénévoles compétents, chacun peut construire ses propres meubles, portails ou étagères. Ici, dans le Nord, les métallos professionnels aiment façonner le portail de leur maison, c'est une fierté de savoir travailler ce matériau difficile. Cet équipement géré par une association permet de valoriser les savoir-faire. Le partage des outils est un angle d'attaque pour éviter de remplir inutilement ses placards, mais il faut explorer une autre approche aussi : donner une seconde vie à nos biens de consommation.

Là encore, j'ai un bel exemple, à Grande-Synthe, né sans mon impulsion. Chaque mercredi, depuis quelques années, la cour de la maison de quartier Europe se transforme en atelier. Là, on croise des gens de tous âges, qui clouent, vissent, polissent ou vernissent. L'association qui a ouvert cet atelier s'appelle l'Émile Éco, et c'est incroyable de voir ce que ses adhérents fabriquent avec les palettes de bois qu'ils récupèrent un peu partout. Ils ont déjà fait des tables basses, du mobilier pour nos jardins publics. Dans l'espace commun de l'Atrium, un de nos bâtiments publics intergénérationnels où 1 000 personnes passent chaque jour, c'est eux qui ont imaginé et réalisé le salon d'accueil dans le hall. Tout est fait avec du bois de récupération ! Hier très confidentiel, le petit club est en train de prendre une place importante dans la ville et de donner une envie d'éco-construction et de réutilisation des matériaux à beaucoup de Grand-Synthois qui n'auraient pas été sensibilisés au recyclage par une approche théorique. Je ne peux qu'applaudir à cette initiative écologique issue de l'action d'un groupe de citoyens.

C'est d'autant plus intéressant que chaque Français produit 450 kilos de déchets par an. Si une part de ces déchets connaît une deuxième voire une troisième vie, c'est tant mieux pour la planète, pour la municipalité, et pour celui qui aura l'usage de l'objet reconditionné.

Afin d'accélérer cette dynamique, nous avons été la première ville française à faire confiance à deux entrepreneurs innovants, qui ont mis en place une plateforme pour éviter les enterrements d'objets après une première vie. Ces deux Dunkerquois, Michaël Pouchelet et Laurent Marcant, estiment en effet que ce que vous voulez mettre au rebut peut faire le bonheur de votre voisin et que ce dernier est peut-être même prêt à vous donner de l'argent pour vous en débarrasser. Il suffit d'une mise en relation intelligente.

Tous deux ont débuté leur carrière d'entrepreneurs avec cette idée de base, qu'ils ont dans un premier temps déployée à petite échelle. Depuis 2013, leur site « eco-brico.fr », dédié à la revente de matériel de bricolage entre particuliers, procède de la même logique. Il s'adresse aux bricoleurs en fin de chantier, leur propose de donner ou de revendre leurs fonds de peinture, restes de ciment, chutes de papier peint ou de bois, plutôt que jeter ces déchets qui coûtent cher à retraiter.

En 2014, ils se sont dit que cette logique de recyclage pouvait être élargie. Alors, ils sont venus nous voir. Après avoir fait des tournées en ville avec notre service de ramassage des encombrants, observé le gâchis général que représente la masse de biens en bon état déposés sur les trottoirs – même si la ville n'est pas riche –, ils ont décidé de généraliser leur recyclage des chutes de fin de chantier à tous les objets dont les gens voulaient se débarrasser.

Baptisée Éco-mairie, l'idée est aussi simple que géniale. Tous les maires savent le coût pour les finances municipales du traitement de ces objets. Chez moi, la collecte s'élevait à 210 000 euros annuels. En inventant leur site de mise en relation entre un donneur et une personne intéressée, Michaël Pouchelet et Laurent Marcant ont mis le doigt sur un véritable besoin des collectivités. Côté population, cela permet des économies substantielles puisqu'il suffit de renseigner son adresse postale pour déposer ses annonces ou chercher les bonnes affaires près de chez soi. Les objets ne sont pas classés par date d'arrivée, comme sur beaucoup d'autres plateformes, mais en fonction de la distance qui sépare l'annonceur de celui qui recherche. Et à chacun de décider s'il veut donner, échanger ou revendre sur ce « vide-greniers numérique ».

Nous avons été les premiers en France à lancer l'application sur le site de la mairie. Aujourd'hui, la communauté urbaine de Dunkerque a à son tour lancé Éco-mairie et une centaine de villes embrayent, un peu partout. C'est un pas en avant qui contribuera j'en suis certain à faire bouger les mentalités.

Avant que cela ne se mette en place pour les particuliers, nous avions été partie prenante de la création d'Écopal, dès 2001. Un peu l'équivalent de cette formule, mais à destination des entreprises puisque cette association, qui rassemble aujourd'hui 300 patrons sur le bassin d'emploi, les met en contact pour mutualiser les achats, ou voir si les déchets des uns ne peuvent pas devenir les matières premières des autres. C'est la première association d'écologie industrielle en France. Elle a fait des émules depuis. Mais on peut encore aller plus loin après ces débuts prometteurs.

Tout cela prouve en effet combien l'économie circulaire et l'économie de la fonctionnalité sont porteuses d'avenir. En fait, elles sont en train de diffuser doucement dans la ville, sous toutes les formes possibles, par petites touches qui un jour formeront un ensemble embrassant tous les pans de l'économie. Ainsi, si le tri est de longue date instauré dans notre déchetterie municipale, le réseau de chauffage urbain commence, lui, à fonctionner avec de l'énergie fatale d'Arcelor, et le prochain bâtiment *cradle to cradle* que je vais faire construire pour notre centre de santé sera entièrement pensé pour être recyclé.

Je connaissais de façon très théorique, pour les avoir croisés dans mes lectures, toutes ces données et ces résultats de la recherche. Cette fois, je les touche du doigt, et les mets en œuvre, les teste, vais contribuer à en améliorer l'usage. En cela, je suis vraiment un acteur de la chaîne de l'économie circulaire. J'adore ce positionnement et j'aimerais qu'on soit plus nombreux car, là encore, les collectivités locales et territoriales ont un rôle essentiel en matière de développement de ces approches grandeur nature. Il faut tester pour avancer ensuite. C'est la méthode expérimentale et ça fait des siècles qu'on a prouvé ses vertus scientifiques.

Je vais très prochainement innover sur un autre point que je n'avais pas encore testé. J'ai décidé de n'acheter ni la moquette ni les revêtements muraux du nouveau centre de santé, mais de passer un contrat de location pour ces équipements qui seront changés tous les dix ans. Ce qui signifie que je sors de l'achat classique pour m'inscrire dans une location d'usage. Cela existe déjà aux Pays-Bas, très peu en France. C'est une brèche dans un système qu'on croyait impossible à faire bouger, eh bien voilà, rendez-vous pour le bilan dans dix ans. En attendant, nos murs et nos sols auront un revêtement en lin. C'est écologique, évidemment, et en plus, 75 % du lin utilisé pour ses fibres produit dans le monde est cultivé en région Nord-Pas-de-Calais et en Normandie ; ce sera donc excellent pour notre économie agricole. Il est toutefois dommage que cette matière première doive être envoyée en Chine pour être travaillée et nous revenir en revêtement de sol ou de murs. Encore une filière qui pourrait être développée ici, ce qui finira sans doute par se faire. Reste à savoir quand.

Le potentiel de cette nouvelle économie de l'usage est énorme. Selon le cabinet McKinsey, si l'économie circulaire était un peu plus appliquée, en Europe elle permettrait de réaliser un gain en matières premières net minimal de 380 milliards de dollars par an. Et comme cette économie en ressources s'ajouterait à une création de valeur, fondée sur la consommation relocalisée, elle permettrait le soutien de l'activité industrielle et agricole sur les territoires et le développement de nouvelles filières dédiées à la réparation, au réemploi et au recyclage.

En prolongement de cette approche globale, qui relève des politiques publiques, et cette fois à destination de mes administrés, nous venons d'ouvrir une « accorderie ». Ce terme qui nous vient tout droit du Québec désigne un échange de services en lien avec l'économie circulaire et de la fonctionnalité, car là encore on peut bénéficier d'un outillage dont dispose une personne, mais en plus cette personne va fournir le service, non contre de l'argent mais en échange d'un autre service.

Dans ce lieu qui a pignon sur rue, l'unité marchande est l'heure, quel que soit le contenu de la transaction. On peut y échanger une heure de cours de maths contre une heure de jardinage, ou sophistiquer l'échange au sein d'un groupe. Ainsi, Anne peut donner un cours de cuisine à Pierre qui réparera la voiture de Claire pendant que Claire fera de la couture pour Anne. Plus classiquement, des objets usagés pourront aussi être échangés, ou revendus à prix modique, dans ce lieu que nous mettons à disposition dans un quartier de la ville récemment rénové. Un bon moyen de s'adresser aux Grand-Synthois qui ne sont pas connectés et qui, de ce fait, ne bénéficieront pas du site Éco-mairie. À côté de notre accorderie, la communauté Emmaüs va ouvrir un point relais, une ressourcerie où des objets réparés par leurs soins connaîtront une seconde vie.

Pour le dire simplement, nous sommes convaincus, à Grande-Synthe, que posséder est complètement dépassé. C'était un concept du XXe siècle. Il faut que tout circule entre les citoyens avec plus de fluidité. Le titre de propriété *ad vitam aeternam*, c'est terminé !

Je vous rassure, je ne joue pas le politique donneur de leçons, cette pratique est aussi la mienne depuis toujours. L'expérience avec mon bateau le montre bien et, s'il fallait convaincre, il suffit de voir le temps que je passe comme élu à remplir mes déclarations de patrimoine. À part mes deux bicyclettes – un vélo de ville électrique style hollandais et un VTT – je ne possède rien. Je n'ai plus de voiture depuis cinq ans et ne suis pas propriétaire de mon logement. Il me paraîtrait fou d'emprunter sur vingt ans pour me loger. J'aurais l'impression de perdre ma liberté en permettant aux banques de faire des bénéfices – une idée qui m'est tout à fait désagréable. Et puis, j'ignore où je m'installerai demain lorsque mon mandat de maire aura pris fin, alors me fixer quelque part en devenant propriétaire est totalement étranger à mon système de pensée.

Je n'ai pas l'âme d'un propriétaire. Mes parents ne l'avaient pas non plus. En région parisienne, nous avons habité pendant quelques années dans une maison en accession à la propriété, mais n'y sommes pas restés. Après, nous avons vécu en logement social ici, à Grande-Synthe. Mes parents avaient bien acheté ce bout de champ, pour nos vacances, ce terrain sur lequel ils avaient construit un garage qu'ils envisageaient de transformer en petite maison pour leurs vieux jours. Mais là encore, ils n'ont pas mené leur projet à terme. Posséder n'est pas dans mon ADN mais, au-delà de cela, j'estime que c'est une approche du monde complètement dépassée.

Conclusion

« On ne peut rien contre la volonté d'un homme », avait dit François Mitterrand dans une de ces phrases lapidaires et définitives dont il avait le secret. Depuis que le 30 mai dernier le ministre de l'Intérieur d'alors, Bernard Cazeneuve, a repris ces mots à mon propos, lors de sa visite du camp de réfugiés de ma ville, la petite musique de cette sentence très XXe siècle me poursuit.

C'est une belle phrase. Que Bernard Cazeneuve l'ait rappelée dans son discours le jour où l'État a décidé de financer le fonctionnement du camp humanitaire de ma ville me flatte en même temps que cela me donne à réfléchir sur l'état du monde politique.

Oui, j'ai voulu concevoir et ouvrir un havre de paix pour les réfugiés qui ont fui les bombes. Oui, je veux que ma ville soit douce pour mes concitoyens, qu'elle soit généreuse pour ceux avec qui la vie se refuse à l'être. Oui, je me bats pour inventer de nouveaux modèles économiques et je brûle les étapes pour que cette architecture soit fin prête le jour où le principal site industriel, celui qui fait vivre ma commune, fermera ses portes. Ce sont mes combats d'homme politique parce que ce sont d'abord des batailles d'homme.

On m'applaudit, on m'invite ici et là à raconter ce que je fais. J'en suis ravi car j'aime faire bouger les lignes. J'adore que Grande-Synthe soit érigée en ville laboratoire, en ville modèle. C'est la revanche d'une ville qu'on avait trop vite rangée dans la catégorie des cités à problèmes. Petite délinquance, misère, espérance de vie plus courte qu'ailleurs, niveau scolaire un peu juste... Je dis stop à cette vision noire. Ouvrez les yeux, un élu local n'est pas là pour seulement repeindre les cages d'escaliers. Il a vocation à changer son petit monde, ou à faire autre chose.

Je suis un provincial, avec toute la noblesse que cache ce vocable. Un amoureux de la France, de ses paysages et de ses gens. Et je m'étonne encore qu'à la terrasse d'un café parisien on m'apostrophe d'un : « Vous êtes un de ceux qui ont porté la contradiction à Nicolas Sarkozy lors de *L'Émission politique* de France 2, le 15 septembre dernier ? Continuez, s'il vous plaît. La France a besoin d'élus comme vous. » Ce même compliment arrive régulièrement sur ma boîte mail, dans mon courrier aussi. C'est bon pour mon ego, sans doute, mais si l'on prend la peine de m'interpeller, c'est surtout que nous sommes encore trop peu à concevoir ainsi la politique...

S'il fallait s'arrêter sur un seul de ces messages reçus, le plus beau à mes yeux, celui qui m'a le plus touché parce qu'il était porteur d'une forte dose d'espoir, c'est celui de cet homme qui, le 20 avril dernier, m'a écrit dans un courriel : « Je ne votais plus parce que je ne croyais plus en la politique. Grâce à vous, je reviendrai vers les urnes aux prochaines élections. Je sais aujourd'hui qu'on peut faire bouger les choses, faire mentir ce qu'on nous avait vendu comme inéluctable. Vous nous avez montré qu'il existe une autre voie. Merci. » Comment de tels mots pourraient-ils me laisser indifférent ?

La médiatisation qui me met en avant suite à la création du lieu d'accueil humanitaire sur ma commune m'a permis de mieux saisir l'immense attente de nos concitoyens qui, contrairement à ce qui est diffusé ici ou là, contrairement à ce qui est véhiculé sur les réseaux sociaux, sont prêts à changer. Ils demandent, attendent autre chose.

Au cours des différents débats ou conférences auxquels j'ai participé, des milliers de Français m'ont témoigné leurs regrets. Ils souhaiteraient qu'on en fasse plus pour les migrants, pour les réfugiés. Et c'est possible ! Il existe en France des dizaines de villes qui accueillent et où les populations s'enrichissent de superbes expériences. Écoutons leurs récits car ils font vivre les droits de l'homme.

Je crois que Didier Sicard, président du Comité consultatif national d'éthique de 1999 à 2008, qui me remettait le prix Pierre-Simon « Éthique et société » le 6 décembre 2016, a compris que c'était le sens de mon travail quotidien. « Damien Carême, a-t-il dit ce jour-là, est un édile qui a imposé la Déclaration universelle des droits de l'homme comme une évidence. Il a été ce maire français qui, lorsque j'ai prononcé son nom en Allemagne, a sauvé honneur de la France. »

Sauver l'honneur de la France… Cette chaleur des mots, cette force du message me ravissent, mais elles m'effraient aussi. Je mesure combien toutes ces réactions mettent en exergue, en creux, la mollesse du consensus politique. Nous vivons dans un monde de chiffons où la volonté s'est diluée, affadie, affaiblie. Un univers consensuel où l'homme politique n'ose plus, manque d'audace et de courage.

L'âme de l'homme politique 2017 s'est trop vidée de cette sève qu'est la volonté de travailler pour les plus faibles, les plus fragiles. Il a oublié que sa mission est de lutter contre les logiques à l'œuvre, celles qui nous ont conduits dans le monde multicrise où nous tâchons de surnager. Entre la crise économique, la crise écologique, la crise démocratique, la crise bancaire, la crise de la malbouffe, la crise agricole, la crise sociale, la crise énergétique, nous avons besoin d'oxygène !

On ne peut faire comme s'il ne se passait rien. Comme s'il ne s'était rien passé.

On ne peut réutiliser les recettes mêmes qui ont plongé la société dans toutes ces crises, creusant toujours plus les inégalités à travers le monde, mais aussi dans notre pays.

Alors, oui, je dis « STOP ». J'affirme haut et fort que d'autres politiques sont possibles. D'autres choix peuvent être faits. C'est ce que j'ai voulu mettre en œuvre depuis seize ans que je préside aux destinées de la ville de Grande-Synthe. C'est ce que ce livre vous a montré. Je ne l'aurais jamais écrit avant que tous mes rêves ne commencent à se concrétiser un peu, que cette cité du Nord qu'on a voulu asphyxier sous l'industrie lourde n'entre vraiment dans une autre ère, seule porteuse d'espoir : celle de la transition. Retenez ce mot, méditez-le. Il nous sauvera.

À l'heure où la campagne présidentielle bat son plein, nous devons, nous, les citoyens, gratter le vernis des éléments de langage pour comprendre quelle femme ou quel homme sont vraiment les candidats qui postulent pour diriger la France.

Sous les programmes, derrière les discours, il faut percer à jour l'âme de chacun des candidats, comprendre la vision de l'homme, plutôt que celle de l'appareil qui le soutient. C'est sans doute la seule interrogation qui vaille, l'approche qui saura dire quel président ferait chaque candidat.

On gouverne comme on est ; avec l'humanité qu'on a développée. N'oublions jamais ce message, même si la vie politique raconte une autre histoire, si les communicants construisent des mythes qu'ils tentent ensuite de mettre en scène.

La politique n'est pas une pièce en trois actes qui ferait passer de maire à député, puis à je ne sais quoi de plus honorifique. Finissons-en avec cette hiérarchie. L'homme politique du XXIe siècle ne doit plus être un Eugène de Rastignac, criant à tout bout de champ un très médiatique : « À nous deux Paris. » Il doit se dépouiller de son costume d'ambitieux en pleine Comédie humaine, qui ne rêve que d'une part de pouvoir toujours un peu plus copieuse. L'homme politique est un artisan, un modeste alchimiste, capable de se projeter dans le temps et de changer en or, pied à pied, la vieille économie qui nous étouffe. En or vert, évidemment.

Remerciements

Je tiens à remercier particulièrement :

Nicolas Hulot, pour avoir accepté de préfacer ce livre. Son humilité, sa capacité d'indignation, ses combats environnementaux mais aussi sociaux, en font une des personnes les plus belles que je connaisse.

Maryline Baumard, journaliste au *Monde*, que j'ai rencontrée pour la première fois lorsque nous faisions face à l'arrivée massive de réfugiés dans la ville. Nos échanges furent toujours très francs et sincères. Ce fut un réel plaisir que d'écrire avec elle ce livre car elle m'a apporté un regard extérieur très enrichissant.

Laurent Pidoux, le directeur général des services de la ville de Grande-Synthe. Un ami de vingt ans, fidèle et dévoué. Laurent m'accompagne dans mes missions depuis dix ans. Dans une collectivité qui compte plus de 1 000 salariés et gère un budget de plus de 90 millions d'euros, avoir un homme de sa compétence à mes côtés est extrêmement précieux. Il est infatigable.

Olivier Caremelle, mon directeur de cabinet. Ami depuis plus de quinze ans, Olivier est venu travailler à mes côtés voici cinq ans. Il est extrêmement fidèle et dévoué lui aussi. Nous partageons tous les deux les mêmes valeurs. Il ne se ménage pas pour s'assurer que l'ensemble de nos actions porte ses fruits.

Kamel Khellaf, un de mes proches salariés et un ami. Kamel est en permanence à l'affût de tout ce qu'il se passe dans la ville pour trouver les solutions adéquates lorsque se pose un problème. Avec Laurent et Olivier, il fait partie de ce trio de confidents sur lequel je peux m'appuyer sans compter.

Au-delà de ces trois proches, je tiens aussi à remercier l'ensemble du personnel de la ville de Grande-Synthe. Leur sens du service public, leur capacité à travailler ensemble, leur implication quotidienne, ont permis de réaliser tout ce qui est décrit dans ce livre, et bien plus encore.

Enfin, si ce livre a été écrit à la première personne du singulier, rien de ce que j'y décris aurait été possible sans l'implication et l'abnégation de tous les élus de mes trois équipes municipales qui se sont succédé depuis 2001. La gestion d'une commune est une affaire collective, j'en suis profondément convaincu, même si le maire fixe le cap. Alors, si Grande-Synthe est ce qu'elle est aujourd'hui, c'est en grande partie grâce à eux.

Table

Cet ouvrage a été composé
par Belle Page
et achevé d'imprimer en France
par CPI Bussière
à Saint-Amand-Montrond (Cher)
pour le compte des Éditions Stock
21, rue du Montparnasse, 75006 Paris
en mars 2017

PAPIER À BASE DE FIBRES CERTIFIÉES

Stock s'engage pour l'environnement en réduisant l'empreinte carbone de ses livres. Celle de cet exemplaire est de : 600 g éq. CO_2
Rendez-vous sur www.editions-stock-durable.fr

Imprimé en France

Dépôt légal : mars 2017
N° d'édition : 01 – N° d'impression : 2028617
10-07-1714/7